习近平主席提出“一带一路”倡议5周年

合肥市图书馆荣誉出品

合肥市图书馆『趣味国学』系列丛书之一

写给青少年的『一带一路』历史

THE BELT AND ROAD

朱首彦 著

合肥工业大学出版社

总序

与史同行，与诗为伴

李永钢

“趣味国学”讲座，是合肥市图书馆在传统文化传播方面一次成功的尝试。

习近平总书记在2014年曾指出：“中华优秀传统文化是中华民族的精神命脉，是涵养社会主义核心价值观的重要源泉，也是我们在世界文化激荡中站稳脚跟的坚实根基。增强文化自觉和文化自信，是坚定道路自信、理论自信、制度自信的题中应有之义。”

在实施公共文化场馆免费开放民生工程中，合肥市图书馆一直致力于推广国学，传承中华优秀传统文化。经过认真筹划，我们于2017年初推出“趣味国学”系列讲座，旨在引导广大市民学习传统文化、爱上传统文化、运用传统文化，帮助读者尤其是青少年读者在潜移默化中了解中华民族的“文化基因”，提升人文素养，培养爱国精神和民族自豪感，并力争让国学经典以“春风化雨”的方式不断焕发出新的生命力。

优秀的文化需要优秀的讲师讲授。朱首彦便是这样一位文史功底深厚、讲述方式别具一格的老师。他善于通过别致的教学引导、生动的现场讲述、丰富的图文演示，让广大青少年读者领略到课堂以外更博大的中国文化魅力。

在“趣味国学”讲座的课堂上，不仅有父母带着孩子坚持来听课，更有一家老少三代共同来了解传统文化。他们跟随朱老师轻松读史籍、趣味讲历史、灵活学国学。通过生动活泼的课程学习，深入了解历史，认识诸多历史人物，增强学习历史和传统文化的兴趣。还有中、小学校专门组织读书小组前来听课，不少学生每次课后都会认真整理听课笔记，写下自己的听课感受，在网络上与同学分享互动。

“趣味国学”讲座开办一年多来，已经推出诗词季、名著季、经典季、诸子百家季、书信季……诸多系列课程，受到广大青少年学生和家长的一致好评。大家纷纷建议我们，将这些精彩的课程内容结集出版，让更多读者领略中华优秀传统文化的魅力。

于是，便有了这套“趣味国学”系列丛书。

2017年9月，党的十九大召开前夕，为响应习近平总书记提出的“一带一路”伟大倡议，大力弘扬传统文化，增强广大青少年的民族自豪感和自信心，朱首彦老师开设了名为《跟随“一带一路”，我们一起穿越》的大型系列文化课，带领青少年学生回顾历史，立足当下，面向未来，讲大家感兴趣的丝路历史，教学生听得懂的丝路知识，绘青少年更美妙的中国梦想。

这也是国内首个专门讲给青少年学生，关于“一带一路”的大型文化系列课程。

该系列课程继续秉承通俗有料、举一反三的原则，利用 9 节课的大篇幅，从汉武帝派遣张骞通西域讲起，历经两汉魏晋南北朝，延至隋唐两宋元明清，最终落到当下的“一带一路”国家倡议，引导孩子们穿越千年，一路西行，真正掌握“一带一路”的历史文化，进而理解“一带一路”倡议的伟大意义。

讲座期间，累计到场听课的学生及家长逾 3000 人次，好评如潮。人民网安徽频道、新华社安徽频道、中安在线、合肥日报、新安晚报、合肥晚报、万家热线等众多媒体也给予了充分报道。

在许多未能到场收听的学生和家长强烈要求，希望能够将本次讲座的内容整理成书，让更多的孩子和家长能够学习传统文化，了解“一带一路”，深刻理解中国梦的伟大意义。

在全国上下认真贯彻学习十九大精神，领会学习习近平新时代中国特色社会主义思想的大背景下，适时推出这样一本针对广大青少年学生的关于“一带一路”的通俗读物，显得尤为重要。十九大上，“一带一路”倡议被写进了中共党章，全国上下包括青少年学生都应该了解、学习“一带一路”的相关知识。

所以，这本关于“一带一路”的图书，成为“趣味国学”系列丛书中率先面世的第一册。它的出版将会填补广大中小学生了解、学习“一带一路”相关知识的阅读空白，也会得到市场的广泛关注和普遍认可。

用现代的观点，从青少年的视角，审视历史，思考文化。每周日上午，“趣味国学”讲座准时在合肥市图书馆开讲，为广大市民持续带来真正有趣有料的优秀传统文化大餐。同时，趣味国学丛书系列的其他书籍也将陆续出版。

与诗为伴，与史同行。读文化经典，讲中国智慧。在传播中华优秀传统文化的道路上，合肥市图书馆还将继续努力。

2018 年 9 月 1 日

（作者系合肥市图书馆馆长）

序

叫醒昨天的梦，去赶今天的路

曹海峰

在“喜马拉雅FM”APP上，有一档备受追捧的系列历史课，名曰《彦说历史》。粉丝们给它的评价是：讲述历史有温度，穿越时空有广度，评点人物有角度，分析事件有深度。

坦白地说，作为《彦说历史》的众多铁粉之一，头一次听到首彦主讲的《大泽乡的“雨一直下”》时，我很惊讶。字正腔圆的普通话、画面感极强的语言性格以及那份纵古论今的铿锵、自信、举重若轻，几乎颠覆了我对首彦的印象。

大学时首彦读的是新闻学，毕业后在省级媒体从业十余载，曾多次捧得全国及省级新闻奖。在我心目中，他始终是一位出色的职业新闻人。

无论是寻找“丢失”的《雷锋报》、暗访火患重重的黑网吧，还是独家报道“大眼睛”苏明娟停止接受希望工程捐助、承担重大主题宣传任务，首彦与我共事期间，从来都是个“传播政声民情、记录时代风云、推动社会进步、守望公平正义”的新闻战士。闲聊时，他说一口地道的安庆话，颇具“黄梅”味道，透着深沉与儒雅。

就在我惊讶于首彦的新形象时，他已在全国各地的文史讲堂大展拳脚。作为国学创新教育的推动者，其“不走寻常路”、清新脱俗的演讲风格在无数听众尤其是青少年听众中激起强烈共鸣。特别是合肥市图书馆与他共同打造的“趣味国学”系列讲座，成为很多家庭全家共享的周末文化大餐。与此同时，首彦的文史研究大作也如雨后春笋，出现在各大报刊和门户网站。

起初，我以为首彦在有意制造一场由新闻人向文史学者的华丽转身。毕竟，他研究文史的经历，比自己的新闻生涯更丰富、起步更早。

然后，当这部《写给青少年的“一带一路”历史》书稿放到面前时，我知道自己错了。

我是一口气读完这部书稿的。透过字里行间，我感觉有一股夹杂着千百种花草清香的微风裸行而来。风中，一幅从秦汉到明清的恢宏画卷徐徐铺开，“一带一路”上的古人和往事，在飘逸的笔端自由穿越，最终化作画中或浓或淡的美丽墨痕。

每个历史学者，都有自己的研究视角。比如，胡适侧重于“考据”，钱穆强调“温情和敬意”，黄仁宇自寻“大历史”境界，唐德刚则专注于“口述”……若论首彦这本书的特色，我愿意自作主张地称其为“新闻气质”。

何谓“新闻气质”？我想用下面几个字略作诠释：

实。海量的史实是本书主体。散落在10章55节里，涵盖了政治、经济、社会、文化、宗教等各个层面，这些“故实”看似芜杂零碎，实则逻辑分明、浑然一体。整理历史断片的游刃有余，源于作者20多年饱读史书的艰辛积累，也得益于新闻人对事实无比虔诚的尊重。

新。历史是有生命的，新的视角会赋予它新的活力。本书没有一个章节是就历史说历史的。单就“丝绸之路”的概念，作者就提供了1.0、2.0、3.0三种版本。轻松又严谨的“穿越”，不仅让远去的“故实”鲜活灵动，也立马让人想起新闻人挂在嘴边的“太阳每天都是新的”。

近。在青少年的眼里，历史该是什么样的？或许，它应当像刚从隔壁社区传来的一则突发新闻，亲切、通俗，甚至很“潮”。李广、卫青、霍去病，不是课堂测验的填充题答案，而是“汉军的三位超级巨星”；说到宋代的五大官窑，一定会响起“天青色等烟雨，而我在等你”的背景音乐。

趣。历史其实很好看。无论是“皇帝的乳名叫猪”，李白和晁衡共谱“《千里之外》”，还是马可·波罗为中国打Call、“虽然玄奘法师有好几个名字，但是因为《西游记》深入人心，所以唐僧还是他最深入人心的大IP”，无一不在揭示历史本自具足的趣味，就像作者曾经采写的大量新闻作品，“有趣才是硬道理”。

思。如果史实是血肉，无处不在的思考便是本书的筋脉。“丝绸之路是在汉朝第七位皇帝汉武帝时期开启的。有同学可能会问，为什么不是在开国皇帝汉高祖时，也不是在太平天子文帝、景帝之时呢?”“匈奴与中原王朝打仗，汉族军队打不过匈奴骑兵，修长城也挡不住快马弯刀。几十万男人都搞不定的事，叫一个女人去摆平。可能吗？答案是：天晓得。”书中的很多问号，似乎都和新闻人的职业习惯有关。探寻真相的终极意义，在于对真理的追问。

其实，今天的新闻就是明天的历史。对首彦的新形象，我是不必大惊小怪的。在新闻人与文史学者之间，原来根本不需要转身。首彦说：“读史最大的快乐在于叫醒昨天的梦，去赶今天的路。”或许，这正是本书最醒目的标签。

阿克顿说：“历史，是彷徨者的向导。”史海苍茫，航程漫漫，这本写给青少年的通俗读物，显然只是首彦安放在浅海区的一枚航标。我相信，“彦说历史”将乘风破浪，奋力远航，不断为读者带来惊喜。

现在，打开这本书吧。你会发觉，我多说一个字都显多余。

2018年8月30日

（作者系《新安晚报》副总编辑）

目 录

引 子

我曾经给孩子们开过一个通俗说《史记》的系列课。众所周知，《史记》讲述的是从上古时代到汉武帝太初年间3000多年的历史。《史记》课的最后一讲，我说的是《丝绸之路：敢问路在何方》，把丝绸之路的起源做了介绍。

在那堂课最后，大家都恋恋不舍。我说，历史就是由一个一个或长或短的时段拼接起来的。一个时代的结束，同时又是另一个时代的开始。《史记》课讲完了，但丝绸之路才刚刚开启，实际也引出了一个新的系列课程，这就是本书的“一带一路”系列长达2000多年的历史。

说到历史，我知道很多孩子都喜欢看历史书，读历史故事。那么，我的第一个问题来了：什么是历史？

不需要百度搜索，不需要查字典里的解释，我只想大家说出自己对历史最直观最相互的认识。我相信大家都是历史小达人，肯定会给出自己的理解。这里我也给出我的答案：通俗地说，历史就是过去发生的一切事件。

既然知道了历史的概念，那我再追问一句：我们为什么要学习历史？或者说，我们学习历史有什么用？

关于学习历史的用处，古往今来有 N 种说法。我觉得最简洁明了的，要属英国哲学家培根的论断。他说：读史使人明智。意思是，读历史可以使我们聪明睿智，通达事理有远见。《史记》的作者司马迁也有类似的说法：“究天人之际，通古今之变。”这也是他写《史记》这部巨著的目的，就是：探究宇宙与人生的真理，通达古往今来的变化。

这里，我也想用大家更容易理解的话来概括我们学习历史的作用：了解过去，把握现在，面向未来；追寻祖先，认识世界，探究未知。

说完了概念，接下来我要给大家出一道选择题，大家来帮我选出那些属于历史的选项。

A. 公元 208 年，赤壁之战爆发。

B. 唐僧师徒四人从西天取得真经，回到大唐。

C. 北宋中后期，苏东坡被贬黄州，苦中作乐，以当地土猪为食材，烧制出著名的东坡肉，并写下了《食猪肉诗》。

D. 2019 年的中秋节是周五。

E. 2016 年 12 月 26 日，安徽省合肥市的轨道交通一号线正式通车运行。

这道看似简单的选择题其实挺唬人的。我们一起来分析这 5 个选项：

A 项公元 208 年，也就是汉献帝建安十三年，著名的赤壁之战爆发。这是标准的政治军事事件，显然是历史。

B 项唐僧师徒四人从西天取得真经，回到大唐。这个属于历史吗？有时间：唐朝，有地点：从西天回到大唐，有人物：唐僧师徒四人，貌似这是历史。我们说，这不是历史。问题出在“唐僧师徒四人”上。因为这师徒四人唐僧、孙悟空、猪八戒和沙和尚中，除唐僧之外，后面三位都是小说《西游记》虚构出来的人物形象。所以这条不是历史。如果选项说，玄奘大师从天竺国取得真经，回到大唐。那么这就是历史。

C项北宋中后期，苏东坡被贬黄州，苦中作乐，以当地土猪为食材，烧制出著名的东坡肉，并写下了《食猪肉诗》。这条选项让很多孩子犯难了。做东坡肉也能是历史吗？我想反问大家，做东坡肉为什么不能是历史？苏轼被贬到黄州时，在当地开荒种地，研究食材，制作美食，同时游历赤壁，写下诸多名篇。黄州岁月是苏轼人生中一段重要时光，对于我们研究苏轼生平，了解他的心路历程，以及他的文学创作，都有极其重要的参考价值。这首《食猪肉诗》也是一首有着典型苏轼特色的轻松诗作。所以我们说，C项是历史。

D项2019年的中秋节是周五。2019年对咱们现在来说，属于未来时，而历史都是过去时。所以，这条不是历史。

E项2016年12月26日，安徽省合肥市的轨道交通一号线正式通车运行。这条选项也让孩子们有些犹豫。这样一条离我们时间很近的选项是历史吗？在都市化的进程中，合肥市日新月异。轨道交通的开通标志着合肥市民将会享受到更快捷更便利的现代生活。未来合肥市志上一定会记下这个标志性事件。所以，E项也是历史。

综上所述，这道选择题的答案是A、C、E。

第一章 丝路缘起：战争与和平

第一节 关于丝绸之路的字词

2013年以来，大家成天都能听到关于“一带一路”的各种名词，以及相关各类活动、各种资讯。那么，究竟什么是“一带一路”?

一带，就是丝绸之路经济带。一路，就是21世纪海上丝绸之路。“一带一路”（The Belt and Road，缩写B&R）是2013年9月和10月，由中国国家主席习近平分别提出的建设“新丝绸之路经济带”和“21世纪海上丝绸之路”的合作倡议。这是我国借用古代丝绸之路的历史符号，高举和平发展的旗帜，积极发展与沿线国家的经济合作伙伴关系。充分依靠中国与有关国家既有的双多边机制，借助既有的、行之有效的区域合作平台，共同打造政治互信、经济融合、文化包容的利益共同体、命运共同体和责任共同体。

显然，“一带一路”是发展经济合作伙伴关系。这一点非常关键，体现了我们国家的原则和气度。这就是习近平主席提出的："计利当计天下利。"《论语》里，孔子也曾说："君子喻于义，小人喻于利。"在道义和利益面前，我们是从道义出发，考虑的是天下之利。以"公利"和"世界之利"为出发点，倡导互利共赢、共同发展。所以我们说，"一带一路"是互通有无，连通世界，更是承载历史，未来已来。

E 时代的今天，大家经常会听到 1.0 版、2.0 版这样的概念。关于"一带一路"，同样也有类似说法。2016 年 12 月，我在北京大学参加一个会议时，听到中国社会科学院边疆研究所吕文利博士讲述他关于丝绸之路的研究成果。他对丝绸之路提出了一个全新观点。吕博士认为：从秦汉到元朝这一段大约 1500 年时间，是中原王朝与四夷国家的互动，是丝绸之路的 1.0 时代；明朝和清朝约 600 年这一段，是中国与世界的交流，这是丝绸之路的 2.0 时代；而咱们现在提出"一带一路"构想，开启的全新时代，则应该是丝绸之路的 3.0 时代。他的观点很有新意，得到了学术界一致认可。

做完相关知识点的普及，下面正式进入第一章。

先来看，丝绸之路是一条什么样的路？

传统的丝绸之路，起自长安（今陕西西安），途经西域、西亚、欧洲各国到达地中海，以罗马为终点，全长 6440 公里。

并且丝绸之路不止一条，大体有：西北丝绸之路、草原丝绸之路、西南丝绸之路、海上丝绸之路等多条线路。

有意思的是，中国古代并没有"丝绸之路"的说法。在中国古代的任何典籍资料里，你都查不到"丝绸之路"这个词。这个专有名词是 1877 年，德国学者李希·霍芬前往中国西北考察了三年之后，在他的著作《中国》一书中首次提出的。后来得到各国学者普遍认可，于是"丝绸之路"的说法才逐渐传播开来。

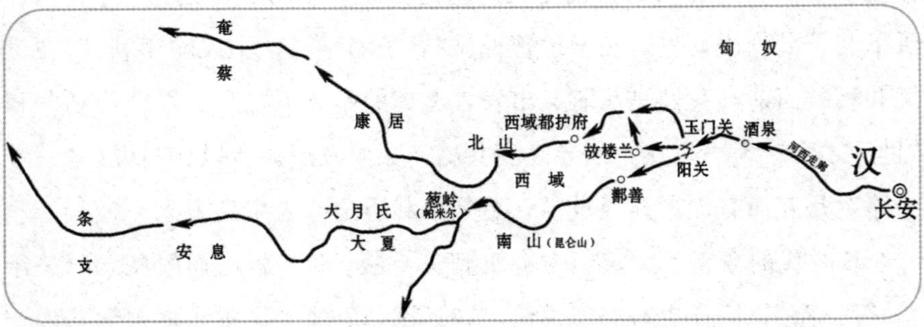

丝绸之路路线示意图（徐霞　绘）

接下来，我还要跟大家做一个纠正读音的工作。“丝绸之路”上有许多少数民族和国家，因为语言不同，很多字词并不是我们现在的发音，所以我要带大家重新认识几个名词。

北方凶悍的少数民族匈奴，他们的首领单于，念 chányú；

秦汉时期，匈奴一个著名首领冒顿单于，念 mòdúchányú；

单于的夫人阏氏，念 yānzhī；

古代游牧民族月氏，念 yuèzhī 或 ròuzhī。中国古代汉字中，凡是与人体有关的，都会是月字旁，比如脸、胳、膊、腿、脚……这个月字旁，古人就念 ròu。咱们同学如果去四大佛教名山之一的安徽九华山旅游，当地有个著名的月身宝殿，里面供奉着一位明朝末年得道高僧的肉身。所以尽管写出来是月身宝殿，我们念的话，还是 ròu 身宝殿。这里的月＝肉。

西域的一个古国龟兹，念 qiūcí，这是在今天新疆阿克苏地区；西域古国于阗，念 yútián，这在今天新疆和田地区；西域古国康居，念 kāngqú，在今天吉尔吉斯斯坦共和国境内；古国身毒，念 yuāndú，这就是古印度的一个国家；西域古国大宛，念 dàyuān，在今天乌兹别克斯坦共和国境内的费尔干纳盆地。

这些字词比较生僻，大家不一定能马上记住，没有关系。在后面的学习中，还会遇到这些字词，逐渐加深印象。

第二节　皇帝的乳名叫“猪”

大家知道，丝绸之路是在汉朝第七位皇帝汉武帝时期开启的。有同学可能会问，为什么不是在开国皇帝汉高祖时，也不是在太平天子文帝、景帝之时呢？

因为时机不成熟。汉朝建国时，经历了秦末农民战争以及四年的楚汉相争，国力极为贫弱。大家知道一个成语，叫“一言既出，驷马难追”。驷马就是拉车的四匹毛色相同的马。刘邦刚建立汉朝时，皇帝乘坐的马车想挑这样四匹同一毛色的马，找遍全国都挑不出来。至于大臣们的坐骑就更别提了，他们上朝坐的是牛车。大家可以脑补一下这样的画面：皇帝被四匹杂毛的马拉着巡视四方，大臣们被老牛拉着慢慢悠悠地上朝见驾。君临天下的仪式感没了，反倒平添了几分俏皮。我们在忍俊不禁中不得不感叹，西汉初年国家是真穷。

所以，汉朝初年几代皇帝都奉行休养生息的政策，大力发展经济。特别是文帝刘恒和景帝刘启，经过努力开创了帝国时代的第一个太平盛世——文景之治。既然是天下大治，那么当时的国力与建国之初有什么不同呢？史书上记载，当时首都长安粮仓里的存粮多到吃不完，导致发霉腐烂。古代铜钱都是用绳子串起来的，结果仓库里的钱一直不用，时间久了绳子全都烂了，铜钱撒得满地都是。到公元前 141 年 15 岁的汉武帝即位时，西汉已经是名副其实的强大帝国了。

汉武帝大家应该不陌生，毛泽东的词作《沁园春·雪》里称“惜秦皇汉武，略输文采”，历来我们把他与秦始皇相提并论，肯定他在两汉20多位皇帝中杰出的作为。汉武帝当了54年皇帝，在中国400多位皇帝中，在位时间排名第三。在他之前，排名第一的是清朝的康熙皇帝，在位61年，第二是清朝的乾隆皇帝，在位60年。

汉武帝还有一个好玩的事儿，就是他的名字。大家知道他叫刘彻，这是他7岁以后改的，最初他的乳名叫刘彘。这个字念zhì，知道什么意思吗？古代就是指猪。想想挺搞笑，皇家给孩子起名也挺随意，按咱

汉武帝画像

们现在的理解，刘彘不就是刘小猪吗？还有史书替汉武帝编故事，说是他出生前，他爸爸汉景帝夜里做了个梦，梦见一只红色的猪从天而降，落到了皇宫里。不久孩子就降生了。皇帝爸爸联想昨夜的梦，认定这孩子就是那头红猪，于是给他起名刘彘。

看到这里，大家都笑了吧？以后看历史看多了，大家会发现 N 个皇帝，关于他们出生都有类似的神话传说，咱们权当笑话看吧。估计老爸汉景帝也觉得刘彘这名字太草根，7 岁时给他起了个高大上的名字：刘彻。

中国古代从西周开始，中原王朝最头疼的就是北方少数民族。这帮野蛮人不事农耕，只知道骑马打猎。没穿的没用的，怎么办？就到中原来抢。他们全民皆兵，善于骑射，来去如风，中原各国是防不胜防。

战国时各国就开始修筑长城。但长城再长也总有空缺，匈奴骑兵照样出入自由。西汉初年，汉高祖刘邦还和匈奴打过一仗，结果差点被活捉。加之国家经济贫困，战马奇缺，此后汉朝历代皇帝对匈奴都是采取忍让态度。到了刘彻登上皇位，国家有钱了，有战马了，部队也训练好了，他就要跟匈奴开战了。

但是，汉武帝心里没底，不知道能不能在 PK 中取胜，他想找几个帮手。他想到了和匈奴有世仇的月氏人。当年月氏人生活在河套地区。大家如果看地图，中国地图腹地的这个“几”字就是黄河，河套就在这个“几”字的拐弯处。所谓“九曲黄河，唯富一套”，这个地方水草丰美，最为富庶。但是唯一的缺点就是北边紧邻匈奴，安全没有保证。匈奴曾经血洗月氏人，把他们的首领都给杀了。月氏人只得举国向西逃跑，一直逃到今天中亚阿富汗地区，安顿下来。汉武帝就想联合月氏人，汉军从东，月氏从西，两面夹攻匈奴。但那个时候没有电话没有微信，必须派人不远千里去联系。一个叫张骞的人应征前往。张骞一共出使西域两次。关于他的故事，下一章里会做详细讲述。

到这里，我们知道了：丝绸之路最初开通时，并不是为了贸易，而是政治，为了打仗。虽然后来月氏人没有答应汉朝的出兵请求，但是汉朝还是跟匈奴进行了三次大的战役。这就是著名的河南漠南之战、河西之战和漠北之战。汉军通过三大战役彻底击败匈奴，占领河西走廊，使汉朝的统治延伸至此，打通了前往西域的道路。

第三节　汉军的三位超级巨星

指挥这三大战役，保卫丝绸之路的就是大家熟悉的三位战神级名将李广、卫青和霍去病。

这三位中，大家最熟悉的就是李广。咱们学过描写他的诗。三年级时我们学过唐朝诗人卢纶的《塞下曲》：

林暗草惊风，将军夜引弓。
平明寻白羽，没在石棱中。

这首诗讲的是李广射虎的故事。另外还有一首唐朝诗人王昌龄的《出塞》更出名：

秦时明月汉时关，万里长征人未还。
但使龙城飞将在，不教胡马度阴山。

这首诗号称“唐人七绝压卷之作”，就是唐诗七言绝句里最好的一首。其实唐诗宋词里歌颂李广的诗句还有很多。这些无疑都说明他的名气太大，简直就是汉军的形象代言人。他武艺高强，善于骑射。《水浒传》里有个神射手花荣，他的绰号就叫小李广。这也足以证明李广在历代名将里影响之大。

虽然名震寰宇，但是这位飞将军的战绩却让人大跌眼镜。

李广曾经四次参与对匈奴的战役，成绩却是，两次打败仗，两次徒劳无功。特别是在与匈奴的决胜战役——漠北之战时，汉军四路进兵，李广这一路却遭遇了乌龙事件。他的向导竟然在沙漠里迷路了，导致李广这一路部队不仅没遇上匈奴部队，并且没有在预定时间赶到指定地点。等他带人气喘吁吁赶到时，仗都打完了。60 多岁的老头子又羞又恼，一时想不开，竟然抽刀自杀了。

咱们知道“初唐四杰”里的王勃有篇名作叫《滕王阁序》，里面有两句：“冯唐易老，李广难封。”“李广难封”指的就是李广一辈子没能封侯爵，后来也成为成语，用来比喻壮志难酬。那李广为什么没能封侯呢？我们说，除了客观政治环境的险恶外，也要从他自己身上找一找原因。大家常说一句话，性格决定命运。李广就是典型的个人英雄主义，做一个我行我素的大侠可以，但是做领兵的将军可能就不行了。

前面我们提到的诗句中李广深夜以为草丛中是老虎，结果射中了石头。实际上他射过真老虎，但是被老虎抓伤了。原来，李广总喜欢炫耀自己的箭术，要求士兵一定在敌人或猎物靠近靠近再靠近之时，再进行射击。这对于军人的应变能力和技术要求实在是太高了。毕竟不是每一个士兵都是小李飞刀，能够做到“例不虚发，每发必中”，包括李广自己。有一次他射虎就是因为离得太近，他一箭射出，却没能射中老虎要害。等他再抽箭时已经来不及瞄准了，受伤的老虎一下子扑到他身上，把他抓伤。万分危急之时，幸亏一旁的将士连发三箭射死老虎，才救了李广。

此外，李广的气量也并不大。他曾经因为战败被皇帝免职，无事可做的他常常和朋友们相约到长安城外打猎。那天打猎很尽兴，他们酒足饭饱后才回的城。当时已经是夜里了。经过城外灞陵亭时，亭尉按照“夜间禁止通行”的规定不予放行。朋友指着李广说：“这是前任李将军。”结果亭尉秉公执法，没给李广面子。生气的李广一行在灞陵亭外呆了一夜，直到天光大亮，才回到长安城。不久匈奴进犯，李广官复原职。出征前，李广向皇帝请求调这个亭尉随军，理由是此人秉公执法。皇帝同意了。这个灞陵亭尉拿着调令前往军营报到，直接就被李广命人推出去杀了。

唐朝诗人王维在一首诗里这样评价李广和卫青：“卫青不败由天幸，李广无功缘数奇。”这句诗的意思是，卫青总打胜仗的原因是老天帮他，运气好。相比之下，李广就是运气太差。数奇就是运气差。从我刚才的分析大家看到，李广走背运其实是由其性格决定的。

那我们再来看卫青。李广的祖先是秦国灭楚时的大将李信，李广算是官 N 代，而卫青的出身就不能比了。他是汉武帝姐姐平阳公主身边一个婢女的私生子。一直在公主府中做骑奴，伺候公主骑马。虽然出身低贱，但是卫青自强不息。后来他的姐姐卫子夫因为相貌出众被选进宫，得到汉武帝的宠幸，又生下太子刘据，于是被封为皇后。这下子她的弟弟卫青也受到了皇帝的青睐。

我们常说，机会总是垂青有准备的人。卫青就是这样，经过多年的积累和磨炼，如今的他文武双全。当皇帝提拔他时，自然脱颖而出。当时皇帝命他与另外三位将军领兵攻击匈奴。其他三路都无功而返，只有卫青的部队直取龙城。这个龙城就是先前《出塞》诗中提到的“但使龙城飞将在”的那个龙城。龙城是匈奴祭天之地，相当于他们的政治中心，在今天蒙古国的和硕柴达木湖附近。所以，李广并没有笑傲龙城，卫青才是龙城飞将的历史原型。之后，卫青又指挥漠南之战，大获全胜，被封为大将军。这可是汉朝武将的最高军职了。相当于咱们现在中央军委委员兼军委联合参谋部参谋长，绝对的汉军领导核心人物。

因为卫青是从奴隶到将军一路升迁上来，所以他深知基层疾苦，平常他与士兵同甘共苦，对人谦和忍让，受到上下一致好评。反观飞将军李广的待人接物，我们就明白了，大将军并非有能力就可以胜任，还要看你如何与人相处，领导团队。

卫青堪称德才兼备的军人。但是，他的老板汉武帝有个毛病：喜新厌旧。对妃子也好，对将军也好，对丞相也好，都是不能长久。汉武帝时丞相是一个接一个地换，卫子夫后来也失宠了，皇后的封号也被废掉。模范军人卫青也没能继续他的风光。因为还有比他更生猛的年轻人登场，这就是他的外甥霍去病。

霍去病名字叫去病，却并不长命，只活了 23 岁。但是从 17 岁出征到 23 岁去世，前后短短 7 年征战生涯，他却获得了许多军人一生都不能取得的战功和荣誉。第一次出征，他带领 800 铁骑斩杀匈奴 2200 多人，平均每人斩杀约 3 个敌人，还阵斩了匈奴单于的叔爷爷，俘虏了单于的叔叔。这个团队的战斗力简直爆棚了。霍去病一战成名，获封冠军侯，意在称赞他的勇武冠绝三军。结合秦末“卿子冠军”的官职，咱们说现在体育比赛里的冠军称号，应该是从秦汉时期的官职演变而来的。

河西之战时，霍去病 19 岁，歼敌 4 万，打通河西走廊。此后的漠北决战中，他更是率军横绝大漠，出击匈奴左贤王，歼敌 7 万。兵锋直抵狼居胥山，就是现在蒙古国的肯特山。霍去病命人在那里筑坛祭天，宣告对匈奴战役的大功告成。

2017 年 8 月，中国和蒙古国的考古学家在蒙古国境内的杭爱山，发现了燕然勒功的石头。这就是后来东汉大将窦宪在燕然山战败北匈奴，祭天宣告成功的石头。燕然勒石的故事，后面章节还会具体讲述。

霍去病的封狼居胥和窦宪的燕然勒石，成为历代武将心中的最高荣誉。南宋词人辛弃疾的词作《永遇乐·京口北固亭怀古》中就有“元嘉草草，封狼居胥，赢得仓皇北顾”的句子。辛弃疾是借南朝刘宋“元嘉北伐”的闹剧，来讽刺当时南宋朝廷的“隆兴北伐”。封狼居胥便是当时中原王朝的北伐希望能够取得的战绩。

霍去病功劳太大，皇帝自然高兴，要给他修大别墅。小伙子说了一句千古名言：“匈奴未灭，何以家为?”翻译过来就是，匈奴还没有平灭，我哪能盖别墅呢？言下之意是说，等平了匈奴，咱们再说论功行赏的事吧。

皇帝派人送御酒到前线犒赏小霍，小霍不敢独自享受。命人把酒倒到溪水里，让军兵们一起用头盔盛酒来喝，共享胜利，共享皇帝的恩赐。于是这个地方得名酒泉，也就是咱们现在的卫星发射基地所在地。

很多人都为小霍的英年早逝惋惜。那他究竟是怎么死的？史书上没有明确交待，但是一般有两种说法。一种说长年征战，透支了健康，加之水土不服，小霍就去世了。另一种则有阴谋论的感觉了。说是匈奴人被小霍打怕了，于是想阴招儿害他。在上游水源地掩埋病死的牛羊牲畜的尸体，以污染水源。而下游的小霍并不知情，于是在饮用污染的河水后中毒而死。

小霍的去世令汉武帝非常伤心，下令将他的遗体运回长安。后来汉武帝临终前下旨，令霍去病陪葬他的茂陵。大家如果有机会去陕西咸阳汉武帝的茂陵旅游，可以看到，那里不仅有汉武帝的陵墓，还有卫青和霍去病的坟墓。其中霍去病的坟墓最有特色。他的坟墓被塑成了祁连山的形状，用以纪念他当年在河西地区的赫赫战功。在他的墓前，我们还能看到那尊著名的马踏匈奴的雕塑。

霍去病墓前“马踏匈奴”雕塑

第四节 玉门关以西

我们在地图上搜索丝绸之路时会看到两个非常熟悉的地名：玉门关、阳关。不仅历史小说、影视剧中经常出现，并且小学课本里也有相关的古诗。

唐朝诗人王之涣的《凉州词》：

黄河远上白云间，一片孤城万仞山。
羌笛何须怨杨柳，春风不度玉门关。

唐朝诗人王维的《送元二使安西》，又叫《渭城曲》：

渭城朝雨浥轻尘，客舍青青柳色新。
劝君更尽一杯酒，西出阳关无故人。

通过这两首诗的学习，我们感觉玉门关和阳关在古代已经是中原王朝的边界，出了玉门关和阳关，便是茫茫大漠，荒无人烟。

的确，这两座关城当时都是汉朝去往西域的起点，玉门关在北，阳关在南。所谓阳关，按照“山南水北谓之阳”的原则，我们很好理解。那么玉门关呢？真的是玉做的关城吗？不是。这里面有一个有趣的传说。

从前这里叫小方盘城，传说旁边有个驿站叫马迷途。为什么叫这个名字呢？那些从于阗国来中原做玉石生意的商队经常会在这里迷路。由于沙漠里白天太热，大家只能晚间赶路，可那时晚上又没有路灯和手电，大家便老是迷路。

有一次，一支贩卖玉石的商队在这里迷路了。这时飞来一只又饥又渴的孤雁。小伙计救下了孤雁，并给它喂食。缓过劲来的孤雁又飞上了天，在前面带路，帮他们找到了小方盘城。

过了一段时间，商队又迷路了。这时这只大雁又飞过来引路，还边飞边说："商队迷路，方盘镶玉。"大雁的鸟语只有小伙计能听懂。于是，他就跟老板说："大雁让我们在城门上镶一块夜光玉。"老板虽然感激大雁的引路之恩，可是舍不得夜光玉，便没有理睬。

商队往来这里，总会迷路。第三次迷路时，一连好几天都走不出去，大家已经支撑不住，眼看就要饥渴而死了。那只大雁又飞来了，边在天上盘旋边说："不舍墨玉，绝不引路。"小伙计赶紧跟老板汇报。在生命和美玉面前，老板不得不选择了保命。跪下来发誓一定拿出最好的墨玉。就这样，大雁领着他们走出了沙漠。得救的老板选出一块最大最亮的夜光墨绿玉，命人镶在城头。以后的夜间，这块墨玉就成了沙漠中一盏永恒的灯塔，方圆数十里都被照得真真切切。从此再没有商队迷路了。小方盘城也就改名玉门关。

虽然只是一个传说，我们看到，故事体现的思想与前面我们提到的"计利当计天下利"一样，都是为了沿途国家和人民的利益。

其实，玉门关的得名是因为这里是西域往来中原的重要关隘，以于阗玉石贸易为主，所以得名玉门关。

出了玉门关、阳关再往西行，便是神奇的西域了。一般认为，西汉时期西域的范围是玉门关、阳关以西，葱岭以东，昆仑山以北，巴尔喀什湖以南，基本属于咱们现在的新疆地区。相传西域当地曾经有 36 个

玉门关遗址

国家。经考古专家考证，它们大约是：乌孙、龟兹、焉耆（qí）、若羌、楼兰、且末、小宛、戎卢、弥、渠勒、皮山、西夜、蒲犁、依耐、莎车、疏勒、尉头、温宿、尉犁、姑墨、卑陆、乌贪訾（zī）、卑陆后国、单桓、蒲类、蒲类后国、西且弥、劫国、狐胡、山国、车师前国、车师后国、车师尉都国、车师后城国等国。

如果再往西行呢？这些国家我们更熟悉：大月氏（今阿富汗）、康居（今巴尔喀什湖与咸海之间）、奄蔡（今西伯利亚西南）、安息（今伊朗）、条支（今伊拉克境内底格里斯河与幼发拉底河之间）。再往西呢，就是罗马共和国了。

那么，此时的西方世界又是怎样一番光景呢？

很可惜，我们耳熟能详的那些伟大的人物都已纷纷退场：古希腊哲学家柏拉图早在200多年前就已去世；20多年后，横扫亚非欧的马其顿国王亚历山大大帝因为一只有毒蚊子的叮咬，意外结束了33岁的黄金年华；不久，希腊另一位伟大的哲学家亚里士多德去世；100多年前，印度孔雀王朝的阿育王逝世，帝国由治入乱……而恺撒大帝、屋大维、耶稣这一群鲜亮的个体还没有出现。

难道这是一个平庸的时代？当这些高鼻深目的外国人惊叹来自东方的丝绸布料的精美之时，一支西行的汉朝使节团队已经悄然上路。

第二章 探路者联盟：开路的男人们

第一节 张骞：西域那么大，我要去看看

如果汉武帝没有发布征召使者出使西域的命令，或许张骞不过是皇帝身边一个普通得不能再普通的郎官。偏偏命运让张骞选择了远方。面对朝廷的布告，张骞主动报名，“为人强力，宽大信人”的他最终被选中。

公元前 138 年，26 岁的张骞带着向导兼翻译的匈奴人堂邑父和 100 多随从，从长安出发，开始了西域之旅。2014 年河南一位老师的史上最短辞职信催生了一句网络流行语：“世界那么大，我想去看看。”此刻张骞也在心中默念：“西域那么大，我要去看看。”理想虽然美好，可是现实太让人无语了。他万万没有想到，西域等待他的不是风景，而是长达 10 年的监禁。而他也将在那里上演一场草原版的越狱。

因为刚出陇西，倒霉的汉朝使团就遇上了匈奴！

张骞雕塑

张骞以下100多人全部被抓到了单于王庭。审问时，张骞一言不发。可是他无法保证团队里没有软骨头。一个手下把此行的任务全说出来了。得知实情后，匈奴的军臣单于大发雷霆：“你们竟敢越过我们，去跟月氏交往!”

既然中止了汉朝的计划，这帮野蛮人也就不再为难张骞一行。当然，也不可能放他们离境。接下来，曾经是大汉皇帝身边的郎官张大人不得不在匈奴的地盘上，被动地进行了角色转换：在严密的看守下，做一个牧羊人，并且一做就是10年。其间因为表现不错，他还得到了一个匈奴女子，两人婚后生育了两个孩子。匈奴人以为时间会让张骞渐渐忘记自己的任务，“老婆孩子热炕头”的温柔乡更会消磨张骞的意志。

他们想错了。张骞是一个有着强烈责任感和使命感的男人。他始终没有忘记自己是汉朝使节，没有忘记自己此行的任务，更没有丢失那根代表自己身份的符节。

十年如一日。与其说张骞在草原放羊，不如说他在寻找逃跑机会。功夫不负有心人，他终于等到了。

一次趁匈奴人放松看守，张骞和堂邑父抢了一匹马，一马双跨飞驰而去，一路向西奔向玉门关。

真的要感谢堂邑父。如果没有他，张骞根本不可能活着走到月氏。堂邑父是匈奴人，所以他熟悉地理，能够准确指引道路，不至于在沙漠中迷失方向。此外，堂邑父的箭法极好。在草原和沙漠地带，完全是仰仗他的神箭射下猎物，两个人才没有饿死。

西行数十日，张骞和堂邑父进入了大宛地界。大宛国王得知他们的任务后，派人将他们送到康居王国。康居人继续接力，将他们送到月氏。原来，西域各国对汉朝非常友好。

千难万险到了大月氏，得到的回答却是拒绝。虽然当年月氏人被匈奴打得国破家亡，国王的头骨都被单于当作了尿壶。但是时过境迁，如今月氏人在阿富汗地区安居乐业，早已乐不思蜀，根本不想找匈奴人报仇。不论张骞如何晓之以理，动之以情，月氏王还是一口拒绝了张骞的请求。

这次出使的任务完不成了，怎么办？张骞决定进行一次特别的异域调查。他开始在大月氏和大夏国进行深入细致的调查研究。随后的一年里，张骞和堂邑父对当地风土人情、经济商贸等情况做了充分考察。之后，他们在东归途中继续关于西域各国的实地考察。这次他长了个心眼，绕道走青海的羌人地区回国。

但他的运气实在太差了：又被匈奴抓住。在单于王庭，尴尬的张骞和老婆孩子又见面了。两年前他不辞而别，孩子天天追着妈妈问："爸爸去哪儿了？"现在爸爸灰头土脸地被抓回来了，那就"不要问我从哪里来"，接着放羊吧。

如果说世上最郁闷的事，是在另一条路上又被匈奴抓住，那么最幸运的事莫过于还能再次跑路。一年后，匈奴老单于去世。为了争夺王位，匈奴高层发生内讧，张骞和堂邑父带着他的妻子和两个孩子再次出逃。史书记载，张骞和堂邑父二人最终回到长安。但是他的妻子孩子，究竟是被匈奴追兵抓回去了，还是死在回程途中，我们不得而知。

第二节　舌尖上的丝路（西汉篇）

经过 13 年，张骞回到朝廷，向汉武帝报告了此行的经历。虽然没有完成预定任务，但是他交上了一份极为详细的西域各国调查报告，为汉朝后来制定西域开拓计划，给出了精准的决策依据。汉武帝非常高兴，后来取“博广瞻望”之意，加封张骞为博望侯。的确，张骞堪称中国历史上开眼看世界的第一人。

张骞沟通西域的同时，卫青、霍去病等人已经多次发动进攻，大败匈奴。为了乘胜追击，联络更多西域小国共同抵御匈奴，汉武帝决定再派使者出使西域。西域险恶，道阻且长，思来想去还是张骞最合适，于是皇帝下旨：老张，麻烦你再跑一趟吧。

这次西行团队多达300人。除了上万只牛羊外，还准备了最能代表汉朝特色的礼物——丝绸。经过第一次出使，张骞知道，在草原和沙漠行走，物资和食物奇缺，必须准备充足的水和食物。所以每人两匹马，一匹驮物资，一匹骑乘。那么太重太大的物件是不适合西行的。这样看来，只有丝绸才是最合适的礼物。

这次张骞的出使顺风顺水。他前往乌孙，副使们分头去往大宛、康居、月氏、安息、身毒等国，加强了汉朝与各国的联系。而随团带去的丝绸也在各国迅速风靡。不久，丝绸也传到了罗马。一时间，罗马的富人和贵族以穿丝绸为时尚，丝绸一度比黄金还珍贵。巨大的利润驱使罗马商人开始到东方来，丝绸之路的人气越来越旺。

这次出使张骞又用了4年时间，回国第二年，50岁的他去世。古人不比咱们现在，卫生医疗条件不好，加上战乱灾害频繁，汉朝人的平均寿命只有不到25岁。虽然以我们现在的标准看，张骞的寿命实在太短了，但是他从26岁开始的两次西域之旅，经历磨难，纵横捭阖，丰富了自己的人生，也为我们民族打开了一条德被四方的人间正道。

关于张骞通西域的壮举，与他几乎同时代的史圣司马迁给了一个非常形象的描述：“凿空西域。”如同在山洞里开凿出一条隧道，张骞在匈

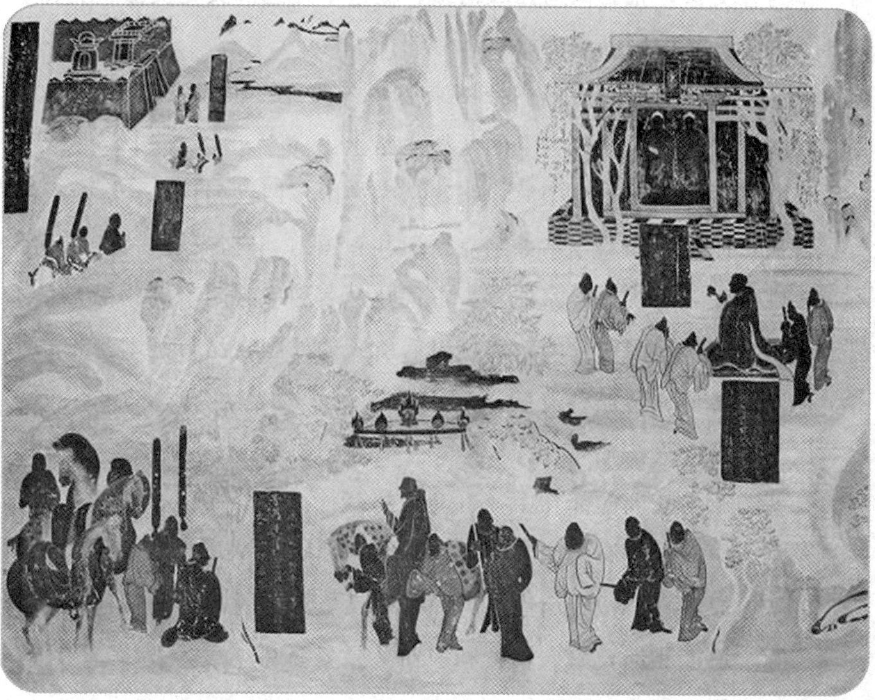

敦煌莫高窟第 323 窟张骞通西域壁画

奴的眼皮底下，打通了汉朝与西域各国的联系，促进了中国与西域的经济文化交流。

而近代大文豪梁启超先生对张骞的评价更高：“坚忍磊落奇男子，世界史开幕第一人。”是的，作为探险家，张骞为汉朝探索出了一个美丽新世界；作为旅行家，张骞用自己的足迹丈量出了西域与中国的距离；作为外交家，张骞沟通西域诸国，促进中外经济文化交流，为汉朝打开了一片全新的国际局面。

那么，张骞从西域给咱们带回来哪些东西呢？很大一部分是吃的。我们就来看看张骞版的舌尖上的丝绸之路。

葡萄，原产黑海、地中海，张骞从大宛国带回汉朝；

石榴，原产石国（今乌兹别克斯坦共和国），又名安石榴；

核桃，又名胡桃。大家注意，古代凡是名称中有胡字的物品，基本都是唐朝之前从外国引入的；唐朝以后引入的外国物品，基本都带一个蕃字，比如蕃薯、蕃茄；清朝以后引入的外国物品，基本都带一个洋字，比如洋火（火柴）、洋葱；

大蒜，原产欧洲南部和中亚，又名胡蒜；

香菜，原产地中海沿岸和中亚，又名胡荽（suī）；

黄瓜，原产喜马拉雅山南麓，原名胡瓜，东晋时改为黄瓜；

芝麻，原产非洲，后入印度和中亚，原名胡麻；

扁豆，原产印度；

胡萝卜，原产亚洲西南部，后传到西域，再引入中原；

无花果，原产波斯；

蚕豆，原产欧洲地中海沿岸、亚洲西南部和北非，又称胡豆。

当然除了美食外，还有苜蓿，骆驼、狮子、鸵鸟，龟兹的音乐、胡琴、地毯、大宛良马……许许多多当时汉朝没有见过的稀罕物件。

第三节　一场因为宝马引发的战争

大宛良马，就是小说影视剧中经常出现的汗血宝马。原产于土库曼斯坦的费尔干纳盆地。这种马奔跑速度快，据说可以日行千里。这种马的皮肤很薄，奔跑时都可以看到血液在血管里流动。肩部和颈部汗腺发达，特别是枣红色或栗色的马出汗时，让人有种流血的错觉，所以得名汗血宝马。

当然，这种马也有缺点，就是体形纤细。中国古代战马的负重非常大，武将加上全副盔甲，还有兵器、行军物品，大约有二三百斤，纤弱的汗血宝马显然负担不起。所以汉朝之后，汗血宝马并没有在中国军队推广开来。

但是当汉武帝第一次听说速度如此之快的宝马时，还是极为惊奇。为了提高汉军在与匈奴作战中的胜算，他叫人准备了大量金银和一匹黄金做成的马，去大宛国买马。

没想到，大宛国王说："有钱了不起吗？这马我们不卖！"大宛人知道汉朝买回汗血宝马是用作战马，他们不愿汉朝的骑兵部队拥有太强战斗力。

有钱竟然买不来马？汉使很生气，后果很严重：破口大骂大宛国王，并当场砸碎金马，扬长而去。

一个使者竟然在大庭广众之下如此嚣张，大宛国王气得鼻子都歪了，后果更严重：他命部队追上汉朝使团，全部杀死，并抢走了所有金银。

汗血宝马

消息传回长安，从未吃过亏的汉武帝气炸了，后果就太严重了：派大将李广利远征大宛。

这个李广利可不是当年那个名将李广，他是汉武帝宠妃李夫人的哥哥。这家伙既不会打仗，也不会带兵。一路经过无数沙漠草原，汉军的粮食给养无法保证。而沿途各个小国听说李广利带兵是向大宛兴师问罪，生怕牵连自己，于是纷纷紧闭关城。饥饿难当的汉军叫不开城门，又无法组织有效进攻，只好绕路西行。这样一路行军，一路有死伤有逃兵，等李广利的部队赶到大宛边境的郁成城时，几万部队只剩几千人，斗志全无，一经交战，自然被大宛部队打败。

无奈之下，李广利带领残兵败将回国。回到敦煌时，距离出征已经两年时间，生还的士兵不到当初的十分之一。李广利仗着自己是皇帝的亲戚，上了一道奏折，汇报此次西征的情况，把失败的主要原因归咎为，沿途没有给养供应和士兵数量太少。

汉武帝闻讯十分恼火，派使者挡在玉门关，不准李广利的部队回国，同时再次征召 6 万部队增援李广利。两路远征军合兵一处，再度西征，一举打到了大宛境内，并团团围住国都。大宛这帮贵族和大臣害了怕，觉得这次战争起于国王不卖马给汉朝。于是大家一商量，把国王杀了，然后提着国王的人头开城投降，把城中的 3000 匹好马全部拿出来，任汉军挑选。李广利早就不想打了，赶紧收了马匹回家交差。

这次战争前后打了快 3 年时间，汉军伤亡约 10 万人，耗费的钱粮无数，战绩只不过是 3000 匹所谓的汗血宝马。

大家觉得，这样的战争值得吗？

张骞曾在大夏国（今阿富汗东北部）发现了汉朝蜀郡出产的布匹和邛崃（qiónglái）山出产的竹子，一打听，得知这是从身毒（今印度）运来。张骞由此推测，既然货物能够运抵这个叫身毒的国家，那么人马一定也可以到达。显然这条路线避开了匈奴的威胁。于是，他向朝廷提出了从四川经云南走身毒，前往西域的南方丝绸之路的开发设想。汉武帝便委派著名文学家司马相如负责“南方丝绸之路”开发的相关工作。

其实早在先秦时期，西南地区的先民们就已经打通了一条从四川成都至云南滇东一带的“五尺道”。这条狭长的“五尺道”从四川一路向东南行进至云南叶榆（今大理）。

司马相如原籍四川，领命后积极开凿通川南的雅安、西昌及云南大姚的邛、笮（zuó）、井、駹（máng）等西夷地区的“灵关道”。这条路是从蜀地南出，渡过金沙江抵达叶榆。在打通了身毒道之后，灵关道与原有的五尺道在云南大理汇合后西行，出境后入骠国（今缅甸），人称“永昌道”。这条道路在中国境内约有3000多公里。这是中国较早的一条对外陆路交通线，同时也是中国西南与西欧、非洲、南亚诸国交通线中，最短的一条线路。

上文提到打通身毒道的工作，是由汉朝远征军完成。远征军从四川雅安到西昌，再出大理，一直抵达缅甸和印度，打通了蜀身毒道。在这个过程中，沿途遇上两个小国，一个叫滇国，一个叫夜郎，都是县城大小的袖珍国家。但他们的国王却是井底之蛙，没有见过世面。当汉朝使节到来时，他们都问了同样的问题：“汉孰与我大？”意思就是，汉朝与我的国家哪个大？这让汉朝使者哑然失笑。后来“夜郎自大”就演变成一个著名成语，比喻因为无知而妄自尊大的人。

第四节　陈汤：“虽远必诛”是我的原创

汉武帝死后第27年，也就是公元前60年，他的曾孙汉宣帝在西域设立西域都护府，汉朝正式对西域行使管辖权。所以我们说，早在2000多年前的西汉，新疆地区就已经是我国领土不可分割的一部分。

2017年暑期电影《战狼2》火爆荧屏，电影里有一句特别牛气的话：“犯我中华者，虽远必诛。”其实，这句话是编剧山寨来的。原话是“明犯强汉者，虽远必诛。”这是汉元帝时西域都护府副校尉陈汤说的。

这个西域都护府副校尉，相当于西域军区副司令。当时匈奴内部五个单于争夺统治权，产生了分化。呼韩邪（yé）单于归附汉朝，而郅支单于却不愿归附，还杀害了汉朝使者，并往西和康居联手，骚扰乌孙、大宛等国。公元前 36 年，陈汤和上司西域都护府校尉甘延寿出使西域。了解到匈奴的情形后，陈汤提出联合各国奇袭康居。甘延寿觉得很有道理，但是谨慎的他不敢擅自决定，说要上报朝廷。

陈汤觉得汇报再等回复，肯定会错过良机，于是他直接假传圣旨，向西域各国发出征兵邀请，说自己奉了皇帝命令，来攻打郅支单于。很快凑足了 15 国的多国部队 4 万多人，进攻康居。甘延寿虽然不同意，但拗不过陈汤，便让陈汤担任本次行动总指挥。

陈汤不负众望，兵分两路大败康居和匈奴的部队。郅支单于在守城时被流箭射中鼻子。第二天汉军攻入城中，郅支单于死于乱军。

虽然胜利了，但这个假传圣旨可是死罪。于是陈汤想了个办法，给皇帝写了一份关于这次战役的详细工作报告，说明战争的起因是郅支单于为害西域，我陈汤不过是代天伐罪。报告最后，他建议将单于的人头悬挂在长安城的外国人居住区，用来警示那些想与汉朝为敌的人，让他们知道，“明犯强汉者，虽远必诛”。这句话翻译过来就是，如果胆敢侵犯大汉王朝，即使你跑到天边，我们也会把你抓住杀掉。

大家看，古代做官不仅要会打仗，还要会写报告。皇帝本来是要处罚陈汤的，可是一看这份报告，这话说得有水平、有高度、有大国范儿，太给力了。一高兴，不处理他了，还赐他关内侯的爵位。这可是秦汉时期 20 级军功爵位当中的第 19 级，仅次于最高一级的彻侯。

但是陈汤个性贪婪，很多大臣都不喜欢他。等元帝死后，成帝继位，又有人翻出这件事，指出当年他在西域征战过程中犯过许多错误，于是陈汤被免职。

第五节 班超：明明可以写字谋生，偏偏投笔从戎

说着说着就到西汉末年了。公元 8 年王莽篡（cuàn）汉，17 年后刘秀建立东汉。这样一通折腾，中原王朝就疏于对西域的管理，西域各国逐渐脱离与汉朝的联系。东汉明帝开始，朝廷再度派人经营西域。另一位西域英雄——班超登场。

提起班超，最让人羡慕的是他们家集中了一屋子牛人：父亲班彪，当时著名史学家；哥哥班固，中国历史上著名的史学家、文学家，他的著作《汉书》与司马迁的《史记》、范晔（yè）的《后汉书》、陈寿的《三国志》并称“前四史”，为中国“二十四史”当中的典范；妹妹班昭，史学家、文学家；姑奶奶班婕妤（jiéyú），汉成帝妃子，文学家。

出身这样的书香门第，班超本人自然也是文才出众。一开始，他在政府机关里做小抄写员。时间一长，他觉得这样的生活太无聊，于是把笔一扔：“大丈夫当学张骞这样建功异域、万里封侯，怎么能成天就在这抄抄写写呢?”于是递上辞职报告，当兵去了。后来他的故事就演变为成语“投笔从戎”，通常指的就是文人从军。

当时西域诸国被北匈奴控制。公元 73 年，班超跟随大将窦固攻打北匈奴。深入天山之后，要派遣一人率团出使西域。因为班超才智出众，于是窦固就派他带着 36 人的使团前往西域。

第一站是鄯善国。开始班超一行受到了鄯善国王的热情接待，住国宾馆好吃好喝好招待。可是没几天，他们就被冷落了。班超敏感地意识

到，可能匈奴来人了。他从接待的鄯善侍者那里诈出匈奴使者来了130余人，且营地距此只有15公里。于是召集手下商议对策。大家一致表示，听从班大人的命令。

班超慷慨激昂地说出了那个著名的成语：“不入虎穴，焉得虎子！”这个成语后来用来比喻，不经历艰险，就不能取得成功。当天夜间，班超带着36名勇士埋伏到匈奴营地外面。其中10人抱着大鼓躲在大营后，其他人守住营门。待班超一声令下，正门处开始放火烧营，后面鼓声大作，杀声四起。匈奴人闻讯乱作一团。有30多名匈奴使者反应灵敏逃出了大帐，可是刚到大门就被埋伏在此的汉军士兵斩杀。其他匈奴，全部葬身火海。

鄯善国王听说这事都吓死了：一是觉得这个汉使太生猛了，36个人居然敢把匈奴100多人全宰了；二是觉得自己彻底得罪了匈奴，只好铁了心跟汉朝绑到一起对抗匈奴了。

接下来班超又去了于阗国。北匈奴有使者长驻于阗，于阗国的巫师也与匈奴使者有勾结，所以国王对班超一行十分冷淡。这个巫师还煞有介事地跟国王说：千万不要跟汉朝交往。这个汉使班超有一匹黑嘴黄毛的马，一定要拿来杀了祭天。国王便让宰相去找班超要马。此时，班超已经了解了于阗国内的情形，于是满口答应，但有个要求，那就是叫巫师亲自来牵马。

巫师满以为班超怕他，结果刚到汉使驻地，班超不由分说就命人将巫师绑了，推出去砍头。一同来的宰相也被抽了一顿鞭子，提着巫师的人头回去给国王送信。巫师在于阗国是跟神一样的人物，结果班超一刀就解决了。国王早就听说班超在鄯善国的故事，现在一看比传说中的还要生猛，吓得赶紧跟班超赔礼，并把匈奴使者也抓起来杀了。

就这样，班超恩威并施，搞定了西域南道诸国，使他们与中原中断了 65 年的关系再次恢复。

此后，班超采用“以夷制夷”的策略，纵横捭阖（bǎihé），经营西域长达 30 年之久。皇帝也任命班超为西域都护；同时因为功劳巨大，封他为定远侯，终于实现了当初万里封侯的梦想。

东汉一朝有两位开疆拓土的民族英雄，除班超外，还有一位东汉初年的伏波将军马援。他曾经率兵平定交趾，就是现在的越南，当时那里是中国领土。马援的故事还催生了一个成语：马革裹尸。意思是用马皮把尸体包裹起来，形容军人为国作战，不怕牺牲的精神。

1916 年反袁斗争胜利后，云南的护国军名将蔡锷英年早逝。孙中山先生为他题写挽联：“平生慷慨班都护，万里间关马伏波。”孙先生就是借用马援和班超的典故来称赞蔡锷将军的功绩。

唐朝诗人李益也曾有诗云：“伏波惟愿裹尸还，定远何须生入关。”前面半句说的是马援誓要为国捐躯的信念，后面这句说的是，班超在西域时因为思念家乡，曾经多次准备回国。但西域各国百姓都舍不得他离开，每每挽留。甚至疏勒国的一个大将为了挽留班超，竟然在他马前横刀自杀。于阗国的国王也抱着班超的马腿像孩子一样，央求他留下来。班超无奈，只得打消回国念头。

公元 100 年，已经 68 岁的班超上书汉和帝，说“但愿生入玉门关”。意思是，您再不批准我回国，估计我就得死在西域了。于是皇帝同意他回国。病重的班超经过两年长途跋涉，终于回到都城洛阳，1 个月后病逝。

班超死后，他的小儿子班勇继承遗志，继续经营西域。班勇是班超在西域迎娶的疏勒王室之女所生，自幼在西域长大，精通各国语言。班超之后，班勇任西域长史，经营西域 20 余年，领导各国对抗北匈奴，巩固了东汉在西域的统治。班勇还根据自己的见闻，写成了《西域风土记》。该书内容广博翔实，囊括了自光武帝建武元年（25）至安帝延光四年（125）整整100年间西域诸国的概况，涉及诸国地理方位、山川形胜、人口物产、风土民情、宗教信仰、人物事件、王位更迭、争战讨伐、历史沿革等等诸多内容。此外，他还填补纠正了他的叔叔、历史学家班固所著《汉书·西域传》中记载的疏漏与舛误，也为南朝宋人范晔撰写《后汉书·西域传》提供了许多宝贵资料。

班超、班勇父子前后经营西域逾半个世纪，是名副其实的西域功臣，民族英雄。

这里还有一个插曲。

公元97年，年迈的班超派遣他的部将甘英继续西行，前往传说中的大秦（罗马帝国）去看一看。据甘英后来汇报，他的使团从龟兹（今新疆库车）出发，经条支（今伊拉克）、安息（今伊朗）诸国，到达了安息西界的西海（今波斯湾）沿岸。只见海上白浪滔天，一望无际。甘英叫来当地一个船夫，说明自己前往大秦的目的，咨询对方乘船渡海需要多长时间。船夫这样回答："如果顺风，三个月可以到大秦；如果逆风，可能要在海上漂两年，所以你们至少得带足三年的食物。"最后他又补充："在茫茫无际的大海上航行，最难抵挡的就是传说中女妖的美妙歌声，很多人都是听了她的歌声，神魂颠倒地留在了海上，最终郁郁而终，不能到达大秦。如果你们不挂念父母妻子儿女，那就请便吧。"

望洋兴叹之后，甘英只得命令使团："全体都有——向后转——起步走"，回西域向班大人复命。

对于甘英此行，我们深表遗憾。对于他的陈述，我表示怀疑。这个懦夫仅凭一个船夫的几句话，就断定大海阻隔，无路可通大秦了？查阅相关史料，我们发现，当时走陆路从安息过泰西封（今伊拉克巴格达东南），再过塞琉古以西（今伊朗与亚美尼亚一带），是可以到达大秦的。

显然，甘英没有进行实地考察。或许他根本就不想远赴大秦，探寻一个更广大、更神奇的世界。因为甘英的半途而废，东方错失了一次与西方直接牵手的机会。这是班超选将的失误？这是甘英的懒政怠工？还是老天故意让大汉与罗马擦身而过？

第六节　燕然勒功与匈奴西行

2017 年 8 月 15 日，一条考古界的大新闻占据了各大网站的头条——中国与蒙古国的考古学家确认，蒙古国境内杭爱山上的摩崖石刻就是著名的东汉《燕然山铭》。这究竟是一篇什么样的碑文呢？

东汉章帝年间，窦皇后的哥哥窦宪因为派人刺杀太后亲信，并嫁祸他人，被囚禁在宫中。当时匈奴分裂为南、北匈奴两部，南匈奴亲近东汉，而北匈奴却处处与东汉为敌。为了赎罪，窦宪请求征伐北匈奴。于是公元 89 年，窦宪率汉军、南匈奴、乌桓、羌胡等多国联军 3 万余人在稽落山（今蒙古国额布根山）大破北匈奴。之后，窦宪率精骑乘胜追击，深入瀚海大漠 3000 里，兵锋直抵私渠比鞮（dī）海（今蒙古国乌布苏诺尔湖）。这一仗，共斩杀北匈奴名王以下将士 13000 余人，俘获马、牛、羊、驼无数。战后北匈奴有 81 个部落 20 余万人先后投降汉朝。志得意满的窦宪登上燕然山（今蒙古国杭爱山），命随军的史学家班固撰写《封燕然山铭》，记录这次胜利。

2 年后，窦宪又在金微山（今蒙古国阿尔泰山）大破北匈奴主力，俘获北单于母阏氏，斩名王以下 5000 余人。北单于仓皇逃窜，不知去向。自先秦以来 300 余年的匈奴威胁彻底根除。

燕然勒功，和上节提到的霍去病封狼居胥一样，成为中国历代武将的最高荣誉。北宋名臣范仲淹在词作《渔家傲》里写道："浊酒一杯家万里，燕然未勒归无计。"当时他正在西北边关跟西夏党项人打仗，始终没能取胜，所以他说"燕然未勒"，自己迟迟不能得胜回朝。

关于霍去病的封狼居胥，只有史书的记载，考古发现一直是空白。而燕然勒功的石头现在真的找到了！260 多字的碑文中，中国考古学家能辨认的有 220 多个字了，而剩余模糊不清的多是虚词，所以我们确认，燕然勒功确有其事。

2017 年 8 月，中蒙考察队在蒙古杭爱山发现《封燕然山铭》

1900 多年前的东汉，没有相片，没有视频，保存历史只能通过文字记载。而武将们总觉得书籍不能传之千秋万代，只有石刻的碑文才能流传后世。"铄（shuò）王师兮征荒裔，剿凶虐兮截海外。敻（xiòng）其邈兮亘地界，封神丘兮建隆嵑（jié），熙帝载兮振万世！"铭文最后这段铭辞翻译过来的大意是：威武王师征伐蛮夷，剿翦凶残拒之海外，天高地迥绵延疆土，封祭神山建造丰碑，广扬帝事振奋万代。今天当我们读到这些文字时，依旧能够感受到窦宪当时的雄心万丈。

金微山之战后，北匈奴在中国境内消失，史书上再没有任何记载。这群野蛮人真的消失了吗？

大约300年后的公元4世纪，在远离中国4000公里之遥的欧洲黑海和多瑙河流域，匈奴人突然又出现了！这群战败的野蛮人一路向西流亡，他们的快马弯刀打得黑海北岸的哥特人只有招架之功，没有还手之力，不得不向西迁移。在多瑙河上游，哥特人却如战神附体，大败当地土著汪达尔人。落荒西逃的汪达尔人如法炮制往西猛攻，一举侵入罗马帝国。

窦宪的出击导致匈奴西逃，如同推倒了多米诺骨牌，引发了欧洲政治一系列的巨变。更有趣的是，每一次战争的战败者都会继续西逃，在更西的对手那里通过胜利找回自尊。换句话说，传说中威风八面的罗马军团，其实是大汉军团手下败将的手下败将。

再后来，匈奴的首领阿提拉出现，此人被欧洲人称为“上帝之鞭”——在他们看来，阿提拉和后来的蒙古人成吉思汗都是上帝派来惩罚他们的魔鬼。这个阿提拉带兵横扫欧洲大陆，使得盎格鲁-撒克逊人被迫西逃，登上不列颠岛，成为现代英国人的祖先。阿提拉的部队逼降了东罗马帝国，猛攻西罗马帝国。不久47岁的阿提拉暴死，不可一世的匈奴帝国迅速瓦解。同时，摇摇欲坠的西罗马帝国也灭亡了。欧洲开始进入中世纪。

每一条路上的脚印从来都是男女参差。即便丝路再遥远，再崎岖，一群开路勇士的背后，又一群俏丽的身影同样已经出发。她们将是丝路上一道别样风景。

第三章 最美丝路大使：赶路的女人们

第一节 白登之围：鬼点子救了刘邦

有句话说：战争让女人走开。虽然丝绸之路是为了战争而拉开大幕，但是后来成为中国与西域各国经济文化交流的纽带。所以这条路上不仅要有男人的血气方刚，更要有女人的柔情似水。不论我们熟悉的，还是陌生的，每一位女主角的故事都是峰回路转，可歌可泣。

从西周开始，在中原王朝的西边和北边出现了许多少数民族，经常骚扰周朝。大家看看他们的名字，山戎、犬戎、鬼方、赤狄、北狄……典型的野蛮人的感觉。公元前771年，西周被犬戎所灭。所以，战国时靠近北方的秦国、魏国、赵国和燕国纷纷在北部边关修建长城，以阻挡当时的主要敌人匈奴。

我在第一章普及一些专有名词时，提到秦末汉初匈奴的杰出首领叫冒顿单于。他趁秦末农民战争之际，经常率兵越过长城到中原掠夺财物。汉朝建立不久的公元前200年，冒顿单于再度率兵南下，一举攻破雁门关，直逼太原郡。汉高祖刘邦亲率大军迎战匈奴。匈奴兵力有40万，多为骑兵，汉朝兵力为32万，多是步兵。不仅数量有悬殊，而且是步兵对骑兵，匈奴有绝对优势。加之刘邦指挥能力超弱，结果中了匈奴的诱敌之计，刘邦被困白登山，就在现在山西大同境内。汉军组织了多次突围，没有成功。里无粮草，外无救兵，恰逢天降大雪，还穿着单衣的汉军士兵在风雪中冻得瑟瑟发抖，根本没法打仗。士兵中还有许多南方人，根本没经历过北方的严寒，不少人连手指头都冻断了。

在这样的恶劣环境下，汉军坚持了7天7夜，部队断粮了。局势骤然紧张。再不想办法的话，匈奴都不用打了，直接进山抓刘邦。

关键时刻，刘邦身边的一个谋士陈平想出了主意。刘邦身边谋士很多，最著名的是张良，但这次张良不在。与张良的奇谋妙计不同，这个陈平擅长出鬼点子、馊主意。有些特定时候，鬼点子似乎更管用。比如这一次。

汉高祖刘邦

陈平出了个什么主意？他让刘邦把随身的金银财宝都拿出来，由他带着去匈奴大营讲和。刘邦现在为了保命，就让陈平随便挑他的宝贝。于是，陈平带了足够的金银下山，前往匈奴大营。

他谁都不找，就找冒顿单于的老婆——阏氏。陈平见到阏氏后，先送上几大箱金银珠宝，一个劲儿道歉，说我们皇帝知道错了，汉朝和匈奴应该和平相处，不该打仗。这是一点小意思，请单于和阏氏收下，把我们皇帝放了吧。只要能放了我们，后面我们过年过节还会给你们意思意思。阏氏在草原上哪见过这些好东西，一下子眼就花了，心也动了。

这时陈平突然又从袖子里抽出一个卷轴——打开一看——是一张美人图。他神秘地一笑："这是我们中原的一个绝色美女，我们皇帝出来打仗没带着她，只有一幅她的写真画儿，想给单于过过目。如果他喜欢，我们回去就把这个美女献给单于当小老婆。"

陈平鬼就是鬼在这里。他抓住了阏氏的心理，说要给她丈夫献一个美女，阏氏自然要吃醋了。阏氏赶紧对陈平一摆手："金银我们收下了。至于美女，我们单于不喜欢中原女人，你们不用送了。放人的事儿，你们放心，我今晚就来跟单于说。明天一早我们保证撤兵！"

陈平在一边偷着乐，卷起美人图回山了。当晚阏氏果然跟单于说，汉朝送来许多金银财宝，向我们求饶了。咱们这次出兵就是为了多得些财物，没必要把他们皇帝都逼死。更何况这次交战已经让他们见识到了厉害，后面他们不敢跟咱们作对了，咱们也能趁机再多要些好处。

单于觉得老婆说得很对，于是就同意了。当然，阏氏可一个字都没敢提美人图的事。第二天一早，40 万匈奴骑兵集体开拔，回草原了。

这便是汉高祖登基后最狼狈的白登山之围。

第二节 和亲：好主意or馊主意？

回到长安，刘邦向当初劝他不要出兵的大臣娄敬道歉，说自己不该不听他的话贸然出兵，才有今日之败。这个娄敬在听了战争的经过后，灵机一动，向刘邦建议，陈平的美人计其实是个不错的计策。但这个美女不能是普通人，必须是公主。为什么呢？因为皇帝的女儿与单于结亲了，那皇帝就是单于的老丈人，未来生了小单于，就是皇帝的外孙。既然双方成了亲戚，汉朝和匈奴就不会再打仗了——这是一劳永逸的好事。

刘邦一琢磨，确实是个好主意。正好自己的独生女鲁元公主还未嫁人，他就准备叫鲁元公主去和亲。不料皇后吕雉不干了。鲁元公主是她唯一的女儿，她死活不同意把女儿嫁给冒顿单于这个野蛮人。

刘邦这下犯难了。后来娄敬给他出主意，封宗室的一个女孩子为公主，也就是在刘邦的亲戚家里找一个女孩子，以公主的名义嫁给冒顿单于。

单于听说汉朝送来一位公主，自己白白捡了个汉族老婆，当然高兴。后来，这家伙隔三差五就找汉朝要钱要美女，一共娶了三位汉朝公主。

而和亲这种方式也就被确立了下来。当然，所谓公主没有一位是皇帝的嫡亲骨肉，多是宗室女子或者干脆就是宫女。

那么，和亲是好主意，还是馊主意？

我们来仔细分析。和亲的初衷是什么？就跟老百姓嫁女娶媳一样，两家结成亲家，汉朝皇家和匈奴单于家结成亲戚。这是一种假设的前提：如果我们是一家人。当然，这是汉朝方面一厢情愿的想法。

匈奴与中原王朝打仗，汉族军队打不过匈奴骑兵，修长城也挡不住快马弯刀。几十万男人都搞不定的事，叫一个女人去摆平。可能吗？

答案是：天晓得。

为什么这样说？史书上说，匈奴是“忘君臣，略婚宦（huàn）”。人家不讲中原王朝提倡的父子君臣之道，冒顿单于当初就是把他爸爸老单于杀了，自己做了单于。匈奴每一个老单于去世后，有资格继位的继承者都会通过打仗来决定谁当单于。所以他们的家庭观念极弱。刚结婚时可能还认汉朝皇帝这个老丈人，时间一久，根本不吃这套。所以和亲开始之后，汉朝和匈奴的关系是时好时坏。

但是我们也要看到积极意义，那就是在客观上促进了我国多民族的融合。代价是什么呢？美女们的个人幸福牺牲了。

两汉400余年间，一共有12次和亲，其中有11位公主，1位宫女。宫女就是大名鼎鼎的王昭君，而公主都是皇家宗室女子，没有一个是皇帝的亲生女儿。后来到了唐朝，偶尔会有皇帝女儿参与和亲。而清朝的和亲，基本都是皇帝女儿亲自参与。中国历史上的主要王朝中，只有宋朝和明朝没有和亲的案例。宋朝是太有钱，和少数民族打仗打不过了，双方坐下来谈判，直接花钱用岁币买和平。明朝则是死扛，要不就打，要不就关上国门不理你。

第三节　细君公主：我想回家

咱们把思绪拉回到汉朝，看几个具体的和亲案例。

细君公主刘细君是汉武帝之侄江都王刘建的女儿。因为江都王企图谋反未遂，全家被杀。当时刘细君年纪太小，所以没有被处决。既然是罪臣之女，就没有了选择幸福的权力。正巧张骞通西域，为交好乌孙国，便要选一位公主嫁给乌孙的昆弥，也就是他们的国王猎骄靡。正牌公主谁都不愿去，于是就封刘细君为公主，于公元前105年，派她前去乌孙和亲。

据说，细君公主出发前，汉武帝命懂音乐的工匠参考琴、筝、筑、卧箜篌等乐器，创制了一种能在马上弹奏的乐器，形状是圆形音箱、直柄、十二柱、四弦。为了区别西域龟兹的曲颈琵琶，这种长颈琵琶被称为秦琵琶。此后，这支秦琵琶陪伴细君公主在乌孙国度过了5年时光。300多年后的西晋时，著名的“竹林七贤”之一的阮咸善弹这种琵琶，故而秦琵琶有了新的名字：阮咸或阮，历经岁月沉淀，阮咸成为颇有代表性的中国传统乐器，还分出高音阮、大阮、中阮、小阮、低音阮等多个系列。

细君公主嫁到乌孙后，匈奴为了争取乌孙，也选了个女子嫁给乌孙昆弥。昆弥猎骄靡这老头一下得了两个老婆，高兴坏了，便封匈奴女子为左夫人，封细君公主为右夫人。当时中原王朝以右为尊，而西域各国以左为尊，所以在乌孙王宫里，匈奴女子比细君公主的地位要高。

细君公主嫁到乌孙并不适应当地的生活，吃不惯烤羊腿，住不惯帐篷，和乌孙国王还语言不通，没法交流，于是自己带人建了房子宫殿居住。一年中间固定参加几次聚会，和国王见面，同贵族们一起吃饭互赠礼品。显然，细君公主虽是乌孙昆弥的夫人，但实际她和乌孙昆弥等于是分居的。

寂寞的日子里，细君公主思念家乡思念汉朝，写下了《悲愁歌》：

吾家嫁我兮天一方，远托异国兮乌孙王。

穹庐为室兮旃（zhān）为墙，以肉为食兮酪为浆。

居常土思兮心内伤，愿为黄鹄兮归故乡。

细君公主雕像

这首诗反映了细君公主对塞外生活的不习惯，表达了她强烈的思归之心。汉武帝听说之后很是同情，于是，每隔一年就派使者送些中原的帷帐、锦绣等物品给细君公主，以解她的乡愁。

不久，老昆弥去世了。匈奴和西域那边的少数民族有个奇怪的规矩，叫收继婚制。就是一家之主去世后，他的继承人不仅要继承他的遗产，还要把他所有的妻子都娶过来（除去继承人的母亲）。这个制度后来让汉朝的公主们极不适应。后面我们还会提到。

乌孙老昆弥的继承人不是他儿子，他儿子早死，继承人便是他的孙子军须靡。也就是说，细君公主要嫁给孙子。她觉得不可思议，就向朝廷打报告，说乌孙的老国王死了，我的和亲任务也完成了，我要回家。但汉武帝回复她：“从其国俗，欲与乌孙共灭胡。”意思就是，入乡随俗，你就按人家的规矩办。要以国事为重，继续联合乌孙，共抗匈奴。

无奈之下，细君公主嫁给了新昆弥军须靡。说新昆弥是孙子，其实年纪和细君公主差不多，也是 20 来岁。细君公主和他没有分居，还生下了一个女儿，取名少夫。

可是细君公主仍旧寂寞，吃不好，睡不好，还没人说话交流，对故乡的思念越来越重。不久，细君公主就去世了。她总共在乌孙生活了 5 年，史书上没有记载她的出生年月，但是我们估算她去世时不会超过 30 岁。

第四节　解忧公主：史上贡献最大的和亲公主

细君公主死后，乌孙昆弥军须靡跟汉朝报告：细君公主去世了，再给我一个公主吧。

汉武帝满口答应，命人再去刘家亲戚里找美女。又一个苦命人刘解忧被选中。她的高祖是汉高祖刘邦同父异母的弟弟刘交，曾被封为楚王。但是刘交的孙子刘戊（wù），也就是刘解忧的爷爷参与了景帝年间的七国之乱，兵败自杀，导致家族败落。这次要和亲了，罪臣之女刘解忧被选中，封为解忧公主，前往乌孙。

解忧公主前往乌孙是接替细君公主巩固汉朝与乌孙联盟任务的。她仍旧是昆弥的右夫人。但是出现了一个尴尬情况——她始终没有怀孕，没能给昆弥生下一男半女。这让来自匈奴的左夫人非常高兴，因为她为军须靡生下了一个儿子泥靡。显然，在乌孙皇宫里，汉朝的解忧公主与匈奴的左夫人也在上演宫斗戏。

但是解忧公主比之前的细君公主更要有魄力。她主动参与政治，致力于各项事务，视察民情，抗洪救灾，植树造林，她几乎把宰相以下各级官员该做的事都尝试了一遍。她奔波于天山南北，赢得了乌孙国上下极好的口碑和民心。

不久，昆弥军须靡去世。因为儿子泥靡太小，于是临终前他把王位传给了堂弟翁归靡。这个弟弟是个大胖子，人称肥王。遵循前面我们说到的收继婚制，解忧公主和那个匈奴左夫人又都嫁给了肥王。

别看解忧公主跟前任昆弥多年未孕，跟肥王却一连生下了三位王子和两位公主。后来这几个孩子中，大儿子元贵靡被立为王储，二儿子万年被莎车国迎立为国王，大女儿弟史还嫁给了龟兹国王。这几个孩子未来帮助解忧公主维持了西域好几个国家与汉朝的友好关系。

这时汉武帝已经去世，新皇帝汉昭帝体弱多病，匈奴趁机进攻乌孙，逼他们交出解忧公主，与汉朝断交。当时乌孙内部关于战还是降的问题吵得很厉害，解忧公主再次表现出她的魄力，说服肥王，对抗匈奴。同时她亲自写信给汉昭帝，请求派兵支援。

想得挺好，但当时汉昭帝病重快要死了，朝廷根本没有人理睬救援的事。没有援兵，解忧公主于是自力更生，合理调度全国力量，生生抵挡住了匈奴的进攻。不久汉宣帝刘询继位，他是西汉中后期一位有道明君，看到解忧公主的求救，派出 15 万大军前往乌孙，两国合兵大败匈奴。这一仗让解忧公主在乌孙的威望再次提升。

偏偏这时，肥王去世。麻烦也就来了。

肥王之所以能当上乌孙的昆弥，是因为前任昆弥是他堂哥，去世时因为儿子太小，才把王位给他，而这个幼子就是匈奴左夫人所生的泥靡。现在肥王去世了，虽然王储是他和解忧公主的大儿子元贵靡，但是前昆弥的儿子泥靡已经长大成人，遵循之前的惯例，泥靡继位。此人生性狂傲，人称狂王。

狂王的母亲是和解忧公主同辈的匈奴左夫人。为了遵从乌孙的收继婚制度，更是为了维护汉朝在乌孙的势力，解忧公主不得不再次出嫁，成为狂王的夫人。虽然解忧公主为狂王生下了一个儿子鸱（chī）靡，但两人终究不是一路人。加之狂王生性残暴，夫妻关系一直不好。

狂王的倒行逆施引得乌孙上下怨声载道。解忧公主想出了一箭双雕的计策——联合乌就屠，扳倒狂王。这个乌就屠是匈奴左夫人与前任昆弥翁归靡的儿子，也就是狂王同母异父的兄弟。解忧公主就是利用乌就屠想要上位的野心，挑动兄弟内讧，最终将匈奴势力从乌孙朝廷清除出去。

恰好汉朝使者出使乌孙，于是解忧公主与汉朝使者设下鸿门宴，准备刺杀狂王。不料混乱中刺客只是刺伤了他，狂王负伤逃走。而那个乌就屠也不知去向。

这下捅了大娄子——这等于是汉朝使者公开干涉乌孙国的内政，这是一起严重的外交事件。狂王的儿子召集人马将解忧公主和汉朝使者围困在乌孙都城赤谷城。汉朝只好派人前来追查此事，当然要保护解忧公主，便认定此事纯属汉朝使者的擅自行动，将参与刺杀行动的使者押回长安依法严惩。这才暂时稳定了局面。

国不可一日无君。原本解忧公主的大儿子可以顺理成章地即位做乌孙昆弥，不料那个不知去向的乌就屠在乌孙边境出现了，还集合了许多倾向匈奴的乌孙贵族，扬言要在匈奴军队的帮助下夺取王位。

乌孙国内风波不断，边境地带汉朝大军集结，匈奴骑兵更是虎视眈眈。一触即发的危急情势如何化解？

第五节　冯嫽：中国历史上第一位女外交家

解忧公主派出了自己的亲信冯嫽（liáo），前往与乌就屠谈判。

冯嫽是解忧公主的侍女，陪她一同来到乌孙。除了陪伴公主日常生活外，她还接受朝廷任命，以使节身份代表解忧公主访问邻近各国，向各国国王赠送礼品，宣扬大汉国威。西域各国君臣只见过男性使者，没见过女子为使。这个女使者举止得体，娴于辞令，并且通晓各国语言。大家交口称赞，尊称她为冯夫人。

秀外慧中的冯嫽得到了乌孙国右大将的青睐。面对这位史料上没能留下姓名的乌孙将军的玫瑰，冯嫽效仿解忧公主，从两国友好大计出发，欣然接受，为汉朝与乌孙国的友好事业再添一分力量。

此次危急时刻，冯嫽毅然领命去见乌就屠。面对这个嚣张跋扈的年轻人，冯嫽晓之以理，动之以情：“将军如果夺了王位，似是可喜。但你考虑过驻扎在敦煌地区的大汉天兵吗？以乌孙的区区兵力，如果与汉军一战，你的胜算几何？”

乌就屠沉吟不语。冯嫽继续阐明利害关系：“汉与乌孙亲如一家。战端一开，不仅百姓遭殃，将军你也必然是身败名裂。何去何从，望三思而行。”乌就屠最终让步：“愿听夫人劝告，让位于元贵靡，但求大汉赐我一个封号。”

冯嫽答应了乌就屠的要求。之后，她马不停蹄赶往长安，面见汉宣帝说明了乌孙国复杂的政治情况，请求皇帝答应乌就屠的要求。汉宣帝在了解情况后当场应允；同时，对冯嫽的才干极为赞赏，任命她为正使，再次出使乌孙。

于是，乌孙国一分为二，解忧公主的儿子元贵靡为大昆弥，就是大国王的意思，掌管着 6 万多户人口。而封乌就屠为小昆弥，就是小国王的意思，掌管着 4 万多户人口。为了乌孙的和平，解忧公主让儿子做出了牺牲。

经历了这一系列变故，解忧公主身心俱疲。此时的她已经是年逾古稀的老太太。她向汉宣帝打来报告，申请有生之年能够回到祖国。得到皇帝的批准后，在西域经营了 50 年之久的解忧公主和冯嫽一起，经过长途跋涉回到长安。2 年后，公主病逝。

回顾解忧公主的一生，大家也就能够理解，为什么我们说她是历史上贡献最大的和亲公主。她不仅在西域时间生活长达半个世纪，并且亲自处理了一系列纷繁复杂的政治纠纷，替汉朝皇帝摆平了 N 个难题。而她自己更作出了巨大牺牲，一生三次嫁给祖孙三代三位不同的国王。

而在解忧公主去世之前，她的大儿子乌孙大昆弥元贵靡已经去世，她的孙子星靡继位。但这孩子搞不定乌孙的政局。老太太冯嫽不忍心乌孙国再度发生变乱，于是向汉元帝请旨，第三次出使乌孙，靠着个人威望，顺说各部消除猜疑，精诚团结，乌孙国安定了，他们和汉朝的关系也稳定了。

第六节　“四大美女”中，王昭君最了不起

汉朝的和亲女子当中，名气最大的要数王昭君。

她的老家在湖北，因为长得漂亮，被征召进宫做宫女。那时候皇宫里美女太多，皇帝根本认不过来，基本都是根据画像，选择陪侍的妃嫔或宫女。所以，相当摄影师的宫廷画师就成了香饽饽。宫女们为了引起皇帝的注意，都巴结宫廷画师，请他们把自己 PS 得更美一些；同时每次递给皇帝美女画册时，能把自己的写真放在最前面。当然这些都不是白干的，得塞钱。画师们靠这个就赚了许多钱。这已经是宫里一条尽人皆知的潜规则。

传说王昭君偏不信邪，她看不惯这些画师贪婪的样子，所以轮到给她画像，她就空着手去了。画师毛延寿等了半天，看她一点没有表示，觉得这丫头太不懂事，于是把她画得很普通。有些小说上说，把她画成了丑八怪，这不可能——丑八怪还能被召进宫吗？只是画成了普通人而已。

所以王昭君在宫里呆了 5 年，天天都被安排在洗衣房或者御膳房干活，连皇帝长什么样都没见过。

这时已是汉元帝时期。匈奴分裂为南匈奴和北匈奴两派。南匈奴的呼韩邪单于倾向于汉朝，主动要跟汉朝和亲。皇帝犯了难——没有公主

愿意去。后来有人给他出主意：后宫那么多宫女，在里面征召一个吧。但是征召的公告贴出来后，没有宫女报名。为什么？谁都知道，那是去匈奴草原，语言不通，住帐篷吃羊肉，哪有在宫里舒服啊。而王昭君这时又表现出与众不同的个性。她主动报了名，结果她是唯一的报名者。那没得说，和亲就选她了。

没过多久，呼韩邪单于来长安迎亲。汉元帝在大殿上举行盛大宴会招待单于。当身穿锦衣的王昭君走上大殿时，满朝文武都不说话了，他们不明白为什么皇帝把这么一个大美女给了匈奴王。单于更是惊呆了，汉朝皇帝太够意思了，给我一个天仙啊。最尴尬的就是汉元帝，端着酒杯半天说不出话来：我怎么不知道后宫还有这样一个大美女啊！可是皇帝金口玉言，下过的圣旨泼出的水，他肠子都悔青了。

只见单于不错眼珠地盯着王昭君，汉元帝只好眼睁睁把第一美女给了单于。宴会结束，皇帝第一件事就追查，为什么王昭君本人与画像不符，得知原来是毛延寿使的坏，二话不说宰了毛延寿。

关于王昭君的名字，有说叫王嫱，有说叫昭君，其实史书上并没有明确交待她的名字，昭君更像是她和亲时皇帝给的封号；去匈奴后又被封为宁胡阏氏，就是使匈奴安宁的单于的王妃的意思。西晋时为了避晋武帝司马炎的父亲司马昭的名讳，改称她为明妃。所以大家以后看到《明妃曲》这样的字样，知道说的就是王昭君。

我们经常会在传统工艺品或人物画作品中，看到昭君出塞的经典造型：红头套，红斗篷，琵琶和白马。正是这样标志性的装扮，让王昭君照亮了黄沙与风雪交织的丝绸之路。

中国古代十大名曲里有一首叫《平沙落雁》，相传就是王昭君出塞时的故事。传说王昭君在路上非常想念家乡，就弹了一曲琵琶怨，结果把天上的大雁都听呆了，忘记了飞翔，掉到沙地上。以前形容“四大美女”有“沉鱼落雁，闭月羞花”的说法，其中的落雁，说的就是王昭君。

王昭君嫁到匈奴时，呼韩邪单于已经很老了，两人生活了两年就去世了。这时王昭君向皇帝请示，我能不能带着刚出生的儿子回长安？皇帝回复，入乡随俗。无奈之下，王昭君嫁给了呼韩邪单于的儿子复株累若鞮单于。

11 年后，复株累若鞮单于也死了，留下王昭君和 2 个女儿。10 多年后，在草原生活了 23 年的王昭君去世。虽然史书上没有她具体的出生年月，但我们估计她去世时应该不到 50 岁。王昭君去世后，葬在今天内蒙古呼和浩特南郊的大青山。因为她的墓地旁边草木四季常青，所以得名“青冢（zhǒng）”。大家如果在历史书上看到“青冢”，要知道指的就是王昭君的坟墓。

比如唐代大诗人杜甫的这首《咏怀古迹（其三）》：

> 群山万壑（hè）赴荆门，生长明妃尚有村。
> 一去紫台连朔漠，独留青冢向黄昏。
> 画图省（xǐng）识春风面，环珮空归月夜魂。
> 千载琵琶作胡语，分明怨恨曲中论。

这首诗就是通过对王昭君一生的回顾，表达诗人对王昭君出塞和亲的赞赏，对她远嫁匈奴的同情。

大家看到，王昭君在匈奴 23 年，嫁给两任单于，后来的单于基本都是她孙子辈，确保了汉朝与匈奴此后长达 50 年的和平，促进了民族融合和经济文化交流。从这一点上说，王昭君的功劳大于卫青、霍去病。

内蒙古呼和浩特昭君墓前和亲雕塑

历史上大家对王昭君的评价都相当高。现代著名历史学家翦（jiǎn）伯赞曾经去内蒙古考古，未来大家在中学会学到翦老的一篇名作《内蒙访古》。翦老在王昭君墓前曾写过一首诗，叫《题昭君墓》：

汉武雄图载史篇，长城万里遍烽烟。
何如一曲琵琶好，鸣镝（dí）无声五十年。

这首诗相当著名，意思是说，汉武帝雄才大略，与匈奴交战的功绩载入史册了，当时长城内外都是烽烟四起，征战不断；后两句突然笔锋一转，其实打仗死人，劳民伤财，哪比得上昭君出塞，弹一曲琵琶行，使得汉朝和匈奴实现了 50 年的和平。

注意，这个鸣镝指的是匈奴用的弓箭的箭头。镝是箭头，匈奴的箭头是空的，射出去的时候带着呼哨的响声。鸣镝在这里就是指打仗，鸣镝无声指的则是和平。相比卫青、霍去病的战功，翦老更赞赏昭君出塞。

本节最后，我想聊一聊传说中的中国古代“四大美女”。貂蝉是小说《三国演义》里的虚构人物，正史中没有这个人。西施应该算是半虚拟人物，史书中有记载越王灭吴时，派了美女惑乱吴宫，但并未交待名叫西施，其他关于西施的内容都是故事传说。而杨贵妃，她是一个苦命人。人们总是把“安史之乱”时唐朝由盛转衰的罪过安到她身上，她实在太冤了。她替唐玄宗李隆基背了黑锅。只有王昭君，为国为民光耀千秋，“四大美女”中她最了不起。

第七节　文成公主：吐蕃人心中的“甲木萨”

唐朝的和亲事业在历史上同样可圈可点。所以，我们先穿越到唐朝，聊一聊唐朝两位著名的和亲公主。

大家如果查阅唐朝疆域图，可以发现，现在西藏自治区的部分当时并不属于唐朝，叫吐蕃。注意，这个字不念番，念 bō。他们的首领叫赞普。战国时羌族与高原居民孟族融合形成了吐蕃族。唐朝之前，由于没有文字，关于吐蕃的历史都是传说。而一个叫松赞干布的赞普即位后，创立了文字，吐蕃的历史才真正有了明确记载，松赞干布也被看成是吐蕃帝国实际的创立者。当时吐蕃人十分凶悍，中原王朝一直不敢惹他们。

松赞干布看唐朝刚建立，就派人给唐太宗带话，我要娶老婆，你们送个公主过来。这口气太大，牛人唐太宗根本不理睬，告诉他：“一边玩儿去！”

松赞干布很生气：“你不给，我就打你！”

唐太宗身经百战，还怕他吗，回了两个字：“你敢！”

松赞干布真派兵来了。在松州，就是现在的松潘县，吐蕃的部队被唐军打得大败。

这个松赞干布也真有意思，又派了自己的宰相逯东赞前往长安，求唐太宗：“求你给我一个公主吧。”

唐太宗教训完吐蕃后，也不想把局面搞僵，于是答应了他们的要求。

文成公主也不是李世民的女儿，而是他堂弟李道宗的女儿。贞观十五年（641）正月，文成公主在父亲李道宗的护送下由长安出发，前往吐蕃。途经西宁，翻日月山，一路长途跋涉。当队伍到达吐谷浑和吐蕃边界的柏海（今青海鄂陵湖和扎陵湖）时，松赞干布已经早早地在此等候迎接了。

文成公主入吐蕃带去了许多技术、物品和文化。包括：佛像、珍宝、金玉书橱、360卷经典、各种金玉饰物、烹技食物，各类饮料、各种花纹图案的锦缎垫被，还有各种卜筮（shì）经典、营造与工技著作、治病医方、医学论著、医疗器械、各类种子……松赞干布为文成公主在逻些，也就是今天的拉萨修建了著名的布达拉宫；据记载，当时共有1000间宫室，富丽壮观；后来毁于雷电、战火；经过17世纪的两次扩建，形成了现今的规模。布达拉宫主楼13层，高117米，占地面积36万平方米，气势磅礴。布达拉宫中保存有大量内容丰富的壁画，其中就

文成公主入藏

有唐太宗五难吐蕃婚使逯东赞的故事，文成公主进藏一路遇到的艰难险阻，以及抵达拉萨时受到热烈欢迎的场面等等。这些壁画构图精巧，人物栩栩如生，色彩鲜艳。

松赞干布听从文成公主的建议，让吐蕃当地人脱掉毡裘，换上丝绸，并派人去唐朝学习儒家经典；同时在文成公主的帮助下创制了吐蕃文字。随文成公主入藏的文士们帮助吐蕃整理了相关文献，记录了松赞干布与大臣们的重要谈话，使得吐蕃的政治走出原始性，走向正规化。

因为文成公主笃信佛教，于是松赞干布在当地兴建了小昭寺、大昭寺，这些后来都是著名的寺庙，佛教开始在西藏兴盛。

松赞干布去世后，文成公主又活了 30 年，在当地威望极高，被称为“甲木萨”，就是汉族女神仙。

文成公主之后，还有一位金城公主。这门亲事大家现在听起来有些不可思议，因为当时吐蕃的赞普尺带珠丹只有 7 岁，金城公主也只有 12 岁。按现在的标准看，两人都还是小学生。

金城公主虽然贵为公主，但身世很苦。她的爷爷是武则天的大儿子章怀太子李贤。因为和武则天政见不合，李贤被母亲杀死。金城公主从小就被叔爷爷唐中宗李显收养。吐蕃当时向唐朝求亲，中宗的皇后韦后不愿自家孩子去吐蕃，就让 12 岁的金城公主去和亲。于是金城公主循着文成公主的足迹入蕃。在此后的近 30 年里，金城公主也为唐蕃和平作出了应有的贡献。此间唐、蕃之间虽然有过多次战争，但双方使臣往来频繁，仍以和平友好为主。唐玄宗开元二十二年（734），唐、蕃在赤岭定界刻碑，立下盟约互不侵扰，并于甘松岭互市，平息了边界持续数十年的战乱，造福了边疆百姓。唐蕃会盟的促成，金城公主功不可没。

提起唐朝与吐蕃之间的战争，我想到一个男人——薛讷（nè）。这个人就是评书演义里薛丁山的原型。他爸就是大名鼎鼎的薛仁贵。别看薛仁贵三箭定天山，大破高丽和突厥，但是跟吐蕃打仗却是大败而归。他的大儿子就是薛讷。这个人人如其名，讷是什么意思？《论语》里孔子说："君子欲讷于言而敏于行。"讷就是少言寡语，说话迟钝的意思，这个薛讷也真的不爱夸夸其谈，而是一个实干家。唐玄宗时，他率兵大破吐蕃。评书《薛丁山征西》应该就是根据这段历史演绎出来的。当然，薛讷并不像评书中薛丁山那样玉树临风，也没有娶到才貌双全的巾帼英雄樊梨花。樊梨花和穆桂英一样，都是虚构出来的女英雄形象。

丝路漫漫，有男人开路，有女人赶路，每一个人都在这条路上锲而不舍地行进。大漠孤烟，长河落日的背景下，导引他们前行的，是信仰。

第四章　每一位大师都是励志哥

第一节　皇帝做了一个梦

从男人故事到女人心绪，丝路上传奇不断。我们还要追寻一群人。他们有信仰，有情怀，有责任，有毅力，他们的故事充满向上的激情。他们当中的每一位都是励志哥，他们用实际行动向我们诠释了信仰的含义。

去过河南洛阳的人都会对当地的著名景点白马寺不陌生。白马寺的名字比较特别。不同于一般寺庙的名字，叫什么开福寺、甘露寺、雷音寺之类。白马寺与白马有关吗？它的名字背后有着一个怎样的故事？

公元 25 年，光武帝刘秀建立东汉，做了 33 年皇帝，死后传位给他儿子汉明帝刘庄。东汉的皇帝从能力到德行，都不如西汉。好一点的就前期的几个皇帝，光武帝刘秀、明帝刘庄、章帝刘炟（dá），后面的皇帝基本都是平庸之辈，甚至是昏君。

相传汉明帝在位时，有天晚上做了一个奇怪的梦，梦到从西方飞来一个小金人，全身金光闪闪，飞来飞去，最后落到他的金殿上。第二天朝会时，皇帝就跟大臣们分享了这个梦，让大家来帮他解梦。

白马寺

你还别说，大臣里真有高人。一个叫傅毅的太史官员站出来："启奏陛下，微臣知道这个小金人是什么。臣听说在西方的天竺国，有位得道的仙人，就是您梦到的那样，全身金光闪闪，他们都叫他佛。这个佛能在天上飞来飞去，法力无边。看来陛下是梦到佛了。"

明帝一听很高兴，立即派了羽林郎中秦景、博士弟子王遵等 13 人前往西域找佛。这些使者也不知道佛长什么样，反正就一路向西，逢人就打听。真巧了，还没到天竺，在路上就遇到天竺两位来东方传教的僧人，一个叫摄摩腾，一个叫竺法兰。使者跟两位僧人一说自己的目的，两位僧人就跟他们普及佛教知识。使者们心想，去天竺还不知道怎么找佛呢，眼前就是现成的两个佛爷，得了，把他俩请回去交差吧。于是，他们便和两位天竺僧人回洛阳了。

皇帝听说请来了僧人和佛法，非常高兴，就命人修建寺庙，安置这两位高僧。两位高僧随身带着大量佛经，当时是由一匹白马驮着进入洛阳，于是这座寺庙就被命名为白马寺，这可是中国境内的第一座佛教寺庙。那一年是公元 65 年，东汉明帝永平八年。这便是历史上著名的“永平求法”的故事。

之前我跟大家说过，但凡故事性太强，又没有明确记载的事件，我们一般都认为是传说。这个“永平求法”也是如此。但是汉明帝在位时，佛法开始由官方正式传入中国，倒是事实。印度来中国的两位僧人在白马寺弘法传道，翻译佛经。像咱们熟悉的《四十二章经》——在金庸的武侠小说里经常提到的那部佛经，相传就是摄摩腾翻译成中文的。后来二位高僧都圆寂于此。现在我们去白马寺参观，山门内中轴甬路两侧有二位高僧墓，东为摄摩腾墓，右为竺法兰墓。寺后院清凉台上有摄、兰二僧殿。

第二节　鸠摩罗什：为了抢我，两次开战

佛法传入中国可能是传说，但是之后进入中原的大德高僧却是不乏其人。比如东晋时的鸠摩罗什。他名列中国古代四大佛经翻译家之首，其他三位是玄奘、不空和真谛。作为语言学大师，鸠摩罗什堪称中国翻译学的鼻祖。

大家听他名字，就知道鸠摩罗什不是中国人，他是天竺贵族的后裔，他的父亲是龟兹国的国师，母亲则是龟兹国王的妹妹。他的家庭非常显赫，那他为什么会选择佛教呢？

他与佛有缘。母亲在怀他的时候，就发现自己的领悟力和洞察力比以前大有增长。有次她去一座寺庙听讲经，意外发现自己竟然能听懂梵语。她觉得这是自己与佛有缘，就要出家。面对即将生产的妻子，丈夫没有同意她的决定。

不久母亲生下了鸠摩罗什。这孩子是个神童，半岁会说话，3 岁会认字，5 岁开始读书。7 岁时他随母亲出家，正式学习佛法。后来母亲带着他外出学习佛法，一路风餐露宿，不断磨炼他的意志。

功夫不负有心人。广习佛法的鸠摩 13 岁时便小有名气，在沙勒国升座讲经，就是在佛寺内给成百上千的佛教徒上大课，一下子名扬西域。20 岁时，鸠摩正式获得僧人资格，在龟兹国正式登坛讲经。当时，龟兹国的达官显贵恭恭敬敬地跪在路边，请鸠摩踩着他们的脊背登上讲坛。

鸠摩生活的年代正是中国的东晋时期，当时中国的南方是东晋王朝，北方是五胡十六国，其中最强盛的是前秦。鸠摩在西域闻名遐迩（xiáěr），这让前秦国王苻（fú）坚知道了。当时前秦所向披靡，所以苻坚任性地派大将吕光攻打龟兹，用武力逼迫他们交出鸠摩。

这场以抢人为目的的战争很快结束，吕光带着鸠摩准备回前秦。结果半道上得到中原的战报：逆天的大事发生了——公元 383 年，前秦国王苻坚率多国部队号称 90 万人，在现在的安徽寿县附近和东晋打了一仗，就是著名的淝水之战。苻坚竟然意外战败，不久他就被姚苌（cháng）杀死，前秦灭亡，后秦开始。

吕光是苻坚的大将，听说主子死了，国家没了，他也不敢回中原了。于是就在凉州自立为王，史称后凉。吕光对鸠摩罗什也非常尊敬，专门修建了鸠摩罗什寺，让他安心在这里讲经。每年农历五月十三，都会邀请鸠摩去凉州城郊的莲花山做大型水陆法会。鸠摩一讲就是17年。他越讲越好，吸引了许多人来此听讲。于是，后秦也派人来请鸠摩去讲经。但后凉因为前秦的缘故，不同意鸠摩出国。后秦皇帝一怒之下发兵攻打后凉，一下子灭了后凉，把鸠摩罗什迎到首都长安，修建了草堂

新疆库车克孜尔石窟前的鸠摩罗什雕像

寺，请鸠摩罗什和他的学生们一起翻译佛经。此后，他带着 3000 多学生在这里翻译了 35 部 294 卷佛经，其中著名的有《金刚经》《维摩经》等。

我们经常听说有人拿毛笔抄经，抄的多是《金刚经》。《金刚经》中有一句著名的话："般若波罗蜜多。"这几个字怎么念？念"波惹波罗蜜多"。注意，这个"波罗蜜多"跟吃的水果没任何关系。那这个词是什么意思呢？般若，念 bōrě，是终极智慧的意思，波罗蜜多，是到达彼岸之上，连起来就是：智慧到达彼岸。

正因为鸠摩罗什翻译佛经的贡献，破除了中原百姓对佛教的错误认识，这些经典后来又传至朝鲜和日本，后来后秦还专门设立了僧官制度，管理佛教事务。

虽然鸠摩罗什是一位佛教大师，各国人民都很仰慕他，甚至为他发动战争，有国家都灭亡了。但是大家看到，作为佛教徒，鸠摩罗什坚守自己的信仰，不论统治者如何强势，把鸠摩罗什带到哪个国家，他总是会传播佛法，教人向善，非常了不起。

第三节　玄奘：偷渡的理由

域外进入中原的有佛教大师，咱们中国同样也有异域传法的大德高僧。大家都认识他——唐僧。先来说说他名字的问题。可能有同学觉得这不是问题，唐僧不是名字吗？真不是。他的俗家名字叫陈祎。注意，这个字念 yī，它是示字旁，美好的意思。《三国演义》里，蜀汉后期一个重要大臣叫费祎，就是这个字。那有同学可能要说，我见过衣字旁的祎，这个字念什么？念 huī，是指皇后的祭服。陈祎出家后，法名玄奘，后世尊称他叫三藏法师，《西游记》里叫他唐三藏。需要提醒大家的是，佛家叫三藏的法师很多。所谓“三藏”，指的是精通精藏、律藏和论藏的法师。三藏都是佛家的经典，三藏法师就是佛家博学多才的大师。虽然玄奘法师有好几个名字，但是因为《西游记》深入人心，所以唐僧还是他最深入人心的大 IP。

玄奘法师自幼母亲去世，10 岁时父亲去世。二哥出家时，他就跟随二哥在洛阳净土寺修行。13 岁时隋炀帝下令在洛阳剃度一批僧人，有 14 个名额，玄奘年纪小就落选了。可是他在考场门外迟迟不肯离开，负责此事的大理寺卿郑善果就问他：“小孩子，你为什么要出家啊？”

没想到玄奘回答：“意欲远绍如来，近光遗法。”用现在的话翻译过来就是，从远的说，我要继承佛祖释迦牟尼的佛法，从近的说，我要弘扬佛法，普度众生。这让郑大人非常吃惊，认定这孩子有慧根，于是破格录取了他。玄奘不仅天资聪慧，而且与佛有缘，经常是师父讲一遍经文，他就能基本掌握。

当时正值隋朝末年，洛阳地区战乱频仍，19 岁的玄奘就和哥哥辗转来到成都。当地寺庙众多，高僧汇集，玄奘在那里和他们交流切磋，讲经说法，名声日隆。3 年后，他受具足戒，正式成为国家登记在册的僧人。这时已经是唐朝了，玄奘决定前往首都长安讲法。

在长安学习佛法传播佛法时，玄奘发现了一个问题。那就是从东汉至今，佛教已经在中国有近 600 年历史了，佛法传入中国的途径是通过丝绸之路，包括陆上丝绸之路和海上丝绸之路，主要从西域、从西南、从南海三条路。这就出现一个问题，各方传入的佛法教义本来就有差别，再加上与本土文化的结合，许多地方产生歧义。他觉得应该有人来统一佛法，而在长安，他听到印度僧人讲经，非常精准，给人耳目一新的感觉。于是他决定西行，去佛教诞生地印度求法，直探原典，重新翻译佛经，以求统一中国佛学思想的分歧。

玄奘法师这种追求真理、锲而不舍的精神，非常值得我们学习。平时我们在学习中，遇到难题，有没有大师这样的精神和毅力，不盲从，不糊弄，一定要通过自己的努力，找出正确的答案，弄懂究竟和意思。

说起来容易，做起来难。咱们现在说出国，只要你有钱，去国家出入境管理局办理签证，买了机票，你就可以实现一场说走就走的旅行，古代可不行。别看唐朝当时是开放的大国，但普通老百姓是不容许出国的。玄奘不是官员，不能借着出差的名义出国。无论他怎样打报告，官府都予以驳回。怎么办？玄奘心意已决，必须出国，只有最后一条路了——偷渡。

那年他 27 岁，经过 4 年艰苦跋涉，行程 5 万多里从长安出发，经西域、葱岭，南下阿富汗和巴基斯坦，终于到达中印度的摩揭陀国。在著名的那烂陀寺，他留学 5 年。咱们看《西游记》，里面说大唐当时流行的是小乘佛教，为了追求大乘佛教，唐僧决定西行。小乘佛教主要讲的是度己，就是自我解脱。而大乘佛教讲的则是度己，更要度他，就是解救自己，还要解救他人。而玄奘法师在印度学习时，促进了大乘与小乘两教之间的统一认识，非常了不起。

42 岁那年，玄奘带着 657 部佛经归国。此前他是偷渡的僧人，现在是名满天竺的法师，一路都有人护送接待。3 年后回到长安。这时，唐太宗亲自接见玄奘大师。皇帝还问他：“你当初去西天取经，怎么也不报告朝廷?”玄奘没敢实话实说，你不准我去啊，而是巧妙地回复：“我当时再三打报告，可能是诚意不够，朝廷没有批准。别无他法，我只能偷渡了。”皇帝心领神会，也就坡下驴说：“法师出家后与尘俗了断，所以才能为了惠利苍生，万里西行，舍身求法。了不起啊。”

第四节　真实的西行比小说更励志

《西游记》的原著精彩好看，而玄奘法师的真人版《西游记》才真叫跌宕起伏。

法师的西行是孤独的，并不是师徒四人相伴。咱们见过的一幅《玄奘负笈图》上，标明了当时玄奘法师做西行驴友的全部装备，整个是行脚僧的装扮。右手上拿着一根拂尘——咱们在电视上看到过，和尚老道手上拿的，用来驱蚊扫灰。左手拿了一根长长的木棍，应该是长途跋涉中使用的拐杖。身上穿着僧袍，胸前挂着大佛珠，脚下穿的是草鞋。背上背的是什么？像个竹子做的书架，这个就叫笈（jí），古代指竹子或藤做的书箱，里面装的是经卷，前面还吊着一盏小灯用来照明。

这幅画现在收藏在日本东京国立博物馆，但是我们也有几点疑问：一是法师的左耳垂上带了耳环。这个比较奇怪，唐朝时僧人没有戴耳环的。二是法师的眉毛是典型的长寿眉，一般老年人才有，此时法师正值中年。另外，法师胸前挂的不是那种小念珠，如果放大了看，会发现很像人骨骷髅。也有人研究说，这是海螺佛珠。但是这几个疑点至今没有人能回答，有人觉得这并不是玄奘法师的画像。通过这幅名画，我们见证的是法师当年西行的艰苦。至于画的真伪，还是留给专家们来鉴别。

当年法师自长安出发，到达凉州地界，凉州都督李大亮不准他出境。当地僧人便想办法，将玄奘法师送到了瓜州。这个瓜州不是江苏镇江的瓜洲，而是甘肃的瓜州县。

玄奘负笈图

可是他们前脚刚到，凉州的通缉令也跟着到了瓜州。当地的州吏李昌也是佛教徒。他在城门口拦住玄奘，指着通缉令上的画像问：“您不是这个人吧？”——从这句问话我们可以听出，李昌是想帮助法师。

但是法师并不确定对方的用意，所以没有回答他。李昌又说：“如果您真是玄奘，我会帮助您。”大师看他语气诚恳，不像坏人，便承认了。于是李昌当场撕了通缉令，放法师出关。

大家看《西游记》，都知道有个女儿国的故事，女儿国里全是女的，国王要和唐僧成亲。现实中真有一个国王仰慕玄奘，不过这人是男的，不是成亲，而要跟他拜把子做异姓兄弟。这人就是高昌国国王麹（qū）文泰。

这位国王非常敬重玄奘，盛情挽留，想让他留在高昌做国师。玄奘法师执意西行，但人家不放你走，怎么办呢？法师便绝食明志。国王一看没办法，更加钦佩法师，同意放他出关。两人还结拜为异姓兄弟。高昌国王也是佛教徒，他请玄奘在高昌登坛讲经。国王带着官员和贵族，全部跪在路两边，手持香炉，请法师踩着他们的身体登上讲坛。前面我说过，鸠摩罗什在龟兹国讲经时，国王也是跪在地上，请他踩着身体登坛。足见他们对佛法和大德高僧的景仰。

玄奘离开时，高昌国王写了 24 份通关文书给西域各国，希望他们给法师过关提供方便，还赠送了马匹、仆役和财物。从高昌出来后，法师的西行之路顺利了许多。当时两人约定，等大师完成取经回大唐时，一定从高昌经过。结果玄奘归来之时，真走高昌绕了一下，发现麹文泰已死。这位国王很有趣，没事非要招惹大唐，与西突厥结盟对抗大唐。结果大唐派兵攻打，还没到高昌，国王就被吓死了。

玄奘在那烂陀寺学习时，因为成绩优异，被评为通晓三藏的十德之一。前面我提到过，三藏指佛教圣典中的经、律、论。这里是说玄奘大师成为通晓佛家经、律、论的十位大德高僧之一。当时印度的戒日王办佛法论坛，请玄奘为坛主，请来五印 18 个国王，3000 多名佛教徒及外道人 2000 人参会。法师在台上除了讲经，还接受台下听众的任意提问，结果没有一个人的问题能够难倒法师，一时名震印度。当地大乘佛教徒尊玄奘大师为“大乘天”，小乘佛教徒尊大师为“解脱天”。意思是称赞玄奘大师才是真正会用佛法圆满解释大乘、小乘的人，这是对大师无上的尊崇。

法师从印度带回佛经 657 部，以及佛舍利（佛陀涅槃火化的结晶体）150 粒。回国后，他用了 19 年时间，翻译出 75 部 1335 卷佛经。每卷佛经都有万字左右，合计就是 1335 万字，占有唐一朝译经总数的一半以上，相当于中国历史上另外三大佛经翻译家译经总数的一倍多，而且在质量上大大超越前人，成为翻译史上的杰出典范。

玄奘还口述自己的经历，由弟子辩机笔受完成了《大唐西域记》，全书 12 卷，10 多万字。详细记述了西行途中 138 个国家的风土人情，成为古代西域和印度的百科全书。公元 652 年，唐高宗命人在长安慈恩寺内修建了著名的大雁塔，用来保存经卷和佛像。最初是五层，后来加到九层，又经过多次变化，现在我们看到的大雁塔是七层。大家如果去西安旅游，大雁塔肯定是一个重要景点。里面的古迹，包括中国书法史上久负盛名《雁塔圣教序》《怀仁集王书圣教序》等碑帖，都是绝世珍宝。

说完了玄奘，有同学可能会问，孙悟空、猪八戒、沙和尚他们几个在历史上确有其人吗？其他人不知道，但孙悟空倒是真有原型。唐朝确有一个叫悟空的和尚。大家有机会可以找来他的画像看一下，果真有点尖嘴猴腮的样子。

他俗名叫车奉朝，曾经是唐朝一个小军官。唐玄宗时，西域的罽（jì）宾国（今巴基斯坦和阿富汗之间的兴都库什山脉开伯尔山附近）来归附，皇帝派人出使罽宾，车奉朝就在使团里。出使结束时，车奉朝突然生病，病得很重，没法回国，便留在当地养病。当时他得到罽宾国师舍利越摩的照顾，很受感动。他便在心底发誓，如果病好了，就在这里落发为僧。不久病好了，他便信守承诺出家，法号法界。他一直在西域研究佛法，翻译佛经。60岁时他回到长安，当时皇帝早已不是玄宗，而是经过了肃宗、代宗，到了德宗。德宗对法界和尚非常欣赏，赐法号叫悟空。

陕西泾阳嵯峨山悟空禅师塔

悟空和尚后来在长安参与翻译了10多部经卷，还写成了《悟空入竺记》。他圆寂后，皇帝下令在他老家陕西泾阳县嵯峨山建悟空禅师塔。大家现在如果去泾阳县，真能看到这样两座悟空塔。虽然真人版的悟空不会72变，但他的故事一样曲折多变。

第五节　日本人到处找高僧

除了玄奘之外，唐朝还有一位扬名异域的佛教大师，他就是鉴真大师。

关于玄奘和鉴真，如果做一个比较，你会发现不少有趣的东西：玄奘西行去的是古印度许多国家，鉴真东渡前往的就是日本；玄奘步行骑马，走的是陆路，鉴真乘船，走的是海路；玄奘西取真经，鉴真东渡讲佛；玄奘把印度的佛经原文拿了回来，鉴真把佛经和中国文化送到日本；玄奘历经磨难，功成回国，鉴真最终病逝异域；玄奘的故事因为小说《西游记》，被传得神乎其神，鉴真的经历则是真实感人；关于玄奘，家喻户晓，关于鉴真，知之甚少。

对日本佛教来说，鉴真绝对是一位大神级的人物。他俗姓淳于，具体名字没有记载。他家境贫寒，14岁时随父亲在扬州出家。他游历过洛阳、长安，学习佛法和其他技艺，不仅精通佛法，还对医学、书法、绘画、建筑都有很深造诣。鉴真大师一直在扬州大明寺修行，后来做到了寺庙的主持，受其传戒者前后有4万人之多，人称他是“江淮之间，独为化主”，在佛教徒中威望极高。55岁那年，有两个日本僧人荣睿、普照来找他。

这究竟是怎么回事？关于日本这个国家，我们既熟悉又陌生，熟悉的是他们和我国一衣带水，历史上与我国有许多联系。陌生的是，这个国家既勤奋又野蛮，既文明又变态。日本人向来欺软怕硬，你比他弱，他就欺负你；你比他强，他认输，并且虚心向你学习。历史上，日本和中国有过四次面对面的PK。

唐高宗龙朔三年（663），日本与中国在今天韩国的白江口打了一仗，1万唐军大败4万日本军队。这是中日两国作为国家实体进行的第一次交战，也是东北亚地区已知较早的一次具有国际性的战役。此役奠定了此后近1000年间东北亚地区的政治、经济与文化格局。自此，日本老老实实向中国学习，并且900余年不敢再跟中国叫板。

明神宗万历年间的1592—1598年，日本入侵朝鲜，朝鲜向明朝求救，于是中国发动抗倭援朝战争，再次打败日本，此役重新整合东亚各国政治军事力量。此后近300年间，日本不敢再来招惹中国。

但是再后来的1894年的甲午战争，因为清政府的无能，中国打败了，不仅赔了2.3亿两白银，还把台湾割让给日本。此后日本变本加厉入侵中国。

又过了30多年，1931年“九一八”事变，日本悍然发动侵华战争。中国花了整整14年时间，以伤亡3500万军民、经济损失6000亿美元的巨大代价，终于战胜日本。

当然，鉴真大师东渡之时，中日之间还是和睦相处的友好邻邦。佛教是在6世纪中叶，也就是公元500多年时传入日本。而日本在646年，也就是大化二年，孝德天皇颁布诏令，宣布效仿唐朝进行政治改革，这就是历史上著名的大化改新。通过改革，部分解放了生产力，完善了日本的统治制度，奠定了日本的国家发展方向，日本成为律令制国家。

大化革新中，日本仿照唐朝推行租庸调制。但是由于国情不同，租庸调制反而加重了日本人民的负担。于是很多老百姓都自度、私度为僧，以逃避赋税和兵役。为了控制佛教的发展，减小对政府财政收入的威胁，并且通过佛教势力加强中央对地方的控制，遣唐使们建议天皇，学习唐朝通过佛教内部控制佛教的办法，即实行受戒制度，由著名佛师主持仪式，通过考试确定受戒资格的办法。

建议很好，可是问题又来了。日本没有那么多大德高僧主持受戒仪式，还得求助大唐。天皇派出荣睿、普照两名留学僧跟随遣唐使团来中国寻找高僧赴日本讲佛受戒。这俩年轻和尚在长安呆了十年，终于寻到一位叫道璇的中国僧人前往日本。不料这位道璇师父能力和威望有限，天皇并不满意。于是，这俩人接着来中国找大师。

第六节　鉴真：我心光明

在扬州大明寺，他们听到了鉴真大师的传道，认定此人才是真正的佛门大师。于是跪请鉴真大师前往日本。

大师深知前往日本传法的重要意义，决定前往。但当他问弟子们谁愿意同去时，大家都低头不说话，都劝他谨慎行事，别太冒险。大师心意已决：“是为法事也，何惜身命。”就是说，此行是为了弘扬佛法，哪怕是牺牲性命。弟子们被大师感动了，有 21 人愿意跟他前往日本。

说起来容易做起来难，随后的 12 年间，大师历经 6 次东渡才到达日本。

第一次：跟玄奘大师遇到的问题一样，唐朝时普通人不能出国。于是他们只能假称去天台山拜佛，秘密准备物资。不料同行的高丽僧人与鉴真大师的徒弟之间闹矛盾，便去官府举报，说这几个徒弟要出海勾结海盗。官府不管三七二十一，听到举报就把所有物资舟船没收。虽然后来查明是诬告，但船没了，第一次出海就这样夭折。

第二次：鉴真大师买了一艘军船，准备好物资。可是刚到长江口就遇上大风浪，船破了，水一下漫到船员的腰间，大家只好回来修船。再出海，又遇大风，漂至舟山群岛，5 天后获救。

第三次：这次鉴真一行准备从浙江绍兴出海。结果绍兴的僧人为挽留大师，又去官府举报，说日本人荣睿引诱大师偷渡。官府就派人抓了荣睿，要押往长安。同时追上鉴真大师，将他送回扬州。后来是荣睿在途中装病诈死，这才逃脱。这次出海计划又黄了。

第四次：鉴真一行正准备前往福州出海，这回又有一个叫灵佑的弟子，担心师父年纪大了，出海有危险，请官府出面拦截。这次出海无疾而终。虽然弟子是好心，但是大师非常生气，整日愁眉不展，灵佑只得每夜都在老师的屋外站到天亮以谢罪。

第五次：4 年过去了，荣睿、普照再次来请大师东渡。鉴真决定从舟山群岛出海。这次又是不幸，刚一出海就遇到飓风，漂了 14 天，结果一路南漂到了今天的海南三亚。

第六次：鉴真大师从海南终于回到扬州。这时那个日本僧人荣睿和大师的大弟子祥彦都已经去世，而鉴真大师也已双目失明。大家都觉得大师太不走运了，觉得东渡的事情只能是停留在口头了。没想到，5 年后的 753 年 10 月，66 岁的鉴真大师应遣唐使阿倍仲麻吕等人的邀请，继续东渡。这一次，他们同样遭遇风暴，众人在海上失散。阿倍仲麻吕等人漂到了今天的越南一带，而鉴真大师却在 2 个月后，幸运地到达鹿儿岛秋目浦，踏上日本国土，实现了自己东渡的梦想。

回顾大师这12年的经历，应了孟子的名句："天将降大任于是人也，必先苦其心志，劳其筋骨，饿其体肤，空乏其身，行拂乱其所为。"大师一心向佛的精神和坚韧不拔的毅力不仅感动了上苍，并且令1000多年后的我们一样折服。

到达日本后，日本举国震动。大师登岸时，只见鲜花满地，日本人把大师看作神人，生怕大师的脚沾到了尘土，于是布花迎宾。之后，他去了奈良，为圣武太上皇等贵族授戒。日本天皇先后封鉴真为传灯大法师、大僧都和大和上。注意，大和上就是大和尚。佛教当中，普通的出家人叫僧人，比较高级别的僧人才叫和尚。只不过咱们现在约定俗成都叫佛门弟子为和尚了。日本天皇封他作大和上，是对年高有德的鉴真大师的尊重。大师还在奈良用了近10年时间，领导修建了唐招提寺，在此讲经说法，这里后来成为日本佛教徒的最高学府。

那么，大师对日本的影响有哪些呢？

首先，开创了日本的律宗，这是佛教的不同派别，还介绍了天台宗，帮助日本密宗兴起。

其次，将中医带到了日本。鉴真大师通晓医学，将中国的中药鉴别、炮制、配方、收藏、应用等技术带到日本，并传授医学，为患者治病。他在日本医药界享有崇高的威望，人称"汉方医药始祖""日本之神农"。

第三，携带"二王"的真迹到日本。大师将东晋书法家王羲之、王献之父子的书法真迹以及其他各类书法50余卷带到日本，这绝对是国宝级的文物。特别是王羲之的《丧乱帖》，我个人以为这是《兰亭序》之外，王羲之最好的行书字帖，可惜被大师带到日本去了。当然这促进了日本书道的形成。后来的空海和尚等人都是日本顶级的书法家。

此外，鉴真大师精通建筑，他设计领导修建了唐招提寺。大家如果有机会去日本旅游，一定要去唐招提寺参观，这座典型唐代风格的建筑，已经历经了1200余年的风雨。寺内至今保存完好的金堂被称为“今日遗存天平时代最大最美建筑物”，是研究了解中国古代建筑艺术最有价值的珍贵实物之一。

还有就是利用干漆法塑造佛像。干漆法是我国东晋时出现的一种雕塑技术，到唐朝时已经达到很高水平。鉴真大师将这一技术带到日本并发扬光大。现在唐招提寺中有一尊高约80厘米的鉴真大师坐像，就是他的弟子在大师去世后，用干漆法制作而成的纪念大师的艺术精品。

鉴真大师坐像

1980 年 4 月，这尊坐像曾经远渡重洋，回到了鉴真大师的故乡扬州。展览期间，有 30 万人争睹了这件绝世珍品。

大师在日本生活了近 10 年，最后在奈良圆寂，享年 76 岁。他被称为“天平之甍（méng）”。甍是屋脊的意思，这里是把鉴真大师比作天平时代日本的文化屋脊，他是那个时代日本文化无法逾越的巅峰。

随着鉴真大师的圆寂，本章几位大师的故事告一段落。鸠摩罗什、玄奘和鉴真，每一位大师都是励志哥。他们弘扬佛法，传扬给我们的究竟是什么？教人向善，关怀众生。

他们是智者，参透世事，欲度苍生；他们是行者，把长路踩在脚下，把信仰捧在手心；他们是使者，传送万千文化，泽被普罗大众；他们是勇者，面对艰难，面对诱惑，他们丝毫不曾动摇最初的信念，反倒是愈挫愈坚，矢志不渝。对于他们，我们唯有膜拜。

第五章　条条大路通长安

第一节　苏祇婆：1400 年前的西域好乐师

1400 年前，有一位西域音乐家名震中原，他就是苏祇婆。说他之前，大家先来认识四个极易混淆的汉字：祇、祗、衹、袛。

祇，示字旁，下面没点，这个字念 qí，是地神的意思。

祗，示字旁，下面有点，这个字念 zhī，是恭敬的意思。

衹，衣字旁，下面没点，这个字是“只”的繁体。

袛，衣字旁，下面有点，这个字念 dī，古时指短衣，贴身的内衣。

这四个字非常绕人，大家要注意区分。

名叫苏祇婆，其实他是个男的，龟兹人，这个听来颇有女性意味的名字是音译过来的。苏祇婆在龟兹语里是智慧的意思，于是有人觉得苏祇婆这几字可以译为“智通”。而据说苏祇婆本姓白，所以有人认定，苏祇婆就是中原王朝史书上提到的那个音乐家白智通。

苏祇婆出身音乐世家，他的父亲就是名冠西域的音乐家，他自己也是一位琵琶演奏家。西域各国都崇尚音乐，龟兹音乐最为著名。公元6世纪，突厥兴起，控制了龟兹在内的西域很多国家。苏祇婆被突厥可汗招到汗庭作乐工。

当时中国正处于南北朝末期，北周皇帝为了战败北齐，意欲拉拢突厥，提出跟突厥和亲。于是，突厥可汗把阿史那公主嫁给了北周武帝宇文邕（yōng）。爱好音乐歌舞的公主带着一支由西域各国音乐家、舞林高手组成的歌舞团前往长安，苏祇婆作为陪嫁乐团的琵琶高手也来到中原。

龟兹音乐原本就悦耳动听，加上苏祇婆又弹得一手精妙绝伦的琵琶，于是就有了一批忠实粉丝。其中有一个铁杆叫郑译，这人还是北周朝廷的中下大夫。

郑译是个高级公务员，这还不算最牛的。他有个同学名叫杨坚，这人后来取代北周建立了隋朝，就是赫赫有名的隋文帝。杨坚做了皇帝，同学郑译自然就成了开国元勋。

隋朝开国不久，杨坚希望制作一套全新的雅乐来歌颂新生的帝国。郑译主动接下这个任务，找来朝廷里最好的乐工，一起研究编写曲谱，忙活了6年，搞出一堆乐曲小样，但是演奏出来，皇帝都不满意。郑译没辙了，只好去找他的偶像苏祇婆。

我们知道，中国古代传统音阶是宫、商、角、徵（zhǐ）、羽五声，其中还有变宫、变徵、清角等调式，所以基本也是“七声”。而苏祇婆这次给出的创作方案则是用西域的音乐元素，对中原音乐进行有益补充。他向郑译传授了龟兹音乐的“五旦七调”。所谓“五旦七调”，是古龟兹乐的一种宫调体系。虽然“七调”对应中原的“七声”，“五旦”对应中原的五种音律，但是龟兹音乐吸收了印度音乐理论，特别是经琵琶弹奏之后，让人听到了更加和谐丰富的内容。

胡旋舞

这个郑译也很聪明，经过苏祇婆的指点，他选择了笙和琵琶两种乐器，以“七调”为本，将龟兹的“七调”与中原的音律组合相乘，将“五旦七调”演变成了“旋宫八十四调”。虽然后来隋文帝杨坚并没有采纳这个版本的国乐，但是龟兹音乐却一下子在中原流行起来。后来宋词里一个著名词牌叫“苏幕遮”。它的原义，就是龟兹人披在肩上的头巾。“苏幕遮”展现的就是龟兹乐舞戏“苏幕遮”的场景。虽然现在曲子已经遗失，但是我们从《苏幕遮》词的朗读中，还是能够体会到这首曲子的节奏和韵味。

这个“旋宫八十四调”因为缘自苏祇婆的指点，所以人们又称其为“苏祇婆琵琶八十四调”。八十四调在唐朝时又演变为著名的燕乐二十八调，对当时的雅乐（严肃音乐）和俗乐（流行音乐），都产生了巨大影响。唐朝时，苏祇婆使用的五弦琵琶正式传入中国，这才有了白居易的《琵琶行》里“犹抱琵琶半遮面”的动人场景。

我曾经看过一件唐朝的出土文物：一匹骆驼上坐着两个弹着琵琶唱歌的西域胡人。我们从一些诗句中还能看到：“城头山鸡鸣角（jué）角，洛阳家家学胡乐”“女为胡妇学胡妆，伎进胡音务胡乐。”当年，洛阳城里家家户户都在学弹西域乐曲，学唱西域歌。女子都学西域女子的装束打扮，歌星们也一定要学唱西域音乐。唐朝流行的就是最炫西域风。

第二节 战神双子星：李靖、李勣

如果我们手边有一张唐朝前期的疆域地图，大家会看到，相比汉朝，唐朝的领土面积再次扩大，除去吐蕃，还有东北的黑龙江、吉林、内蒙古部分地区，其他今天中国的领土都是唐朝的疆域，还包括外蒙古，新疆以西、越南等等大片地区。

那么，唐朝疆域究竟有多大？唐高宗时的数据显示，唐朝疆域最大时为1400万平方公里，相当于咱们现在960万平方公里国土面积的将近1.5倍。当然，古代由于交通、经济等条件限制，没有我们现在明确的国家领土概念，没有明确的界碑标识，疆域面积也只是一个相对值，特别是边界地区都是在不断变化中。到了唐朝中后期，领土面积已经大大缩水。

李　靖

唐朝当时北方的少数民族，已经变成了突厥、回纥（hé）、室韦和靺（mò）鞨（hè）。当时对唐朝威胁最大的是东突厥和西突厥。在唐朝和东突厥的战争中，涌现了一对战神双子星，也都是后来民间传说中的著名人物，一位是李靖，一位是李勣（jì）。

一提李靖，大家非常熟悉：托塔天王，成天手上托着七层宝塔的那位，哪吒他爸。评书演义里，他还是风尘三侠之一。

历史上真实的李靖同样是赫赫威名。他出身官宦之家，舅舅是隋朝名将韩擒虎。李靖善于用兵，长于谋略，原先是隋朝将领，后来效力于唐朝。曾经南平萧铣、辅公祏（shí），北灭东突厥，西破吐谷（yù）

浑。因战功卓著被封卫国公，所以人称李卫公。李靖名列唐太宗李世民的凌烟阁二十四功臣第八名。

李靖不仅能征惯战，而且还是一位杰出的军事理论家。他曾经结合作战经历，撰写多部军事著作，只可惜现在都已经失传了。据说他的一本名为《唐太宗李卫公问对》的兵书，和《孙子兵法》等其他六部兵书经典在宋朝被编入《武经七书》，成为中国最早的军事教科书。后人也把《唐太宗李卫公问对》评为中国古代十大兵书之一。

唐太宗贞观四年，也就是公元 630 年正月，身为定襄道行军总管的李靖亲率三千精锐骑兵，冒着凛冽寒风，突袭东突厥主力。颉（jié）利可汗万万没有想到，唐军会神兵天降，大惊失色。根据经验，颉利可汗判定：李靖身后肯定是唐军主力，否则他决不敢孤军深入，因此惶惶不可终日。

这时，李靖巧用攻心计，诱降了颉利可汗的心腹康苏密，掌握了颉利可汗的底牌，随即夜袭定襄城（今内蒙古和林格尔北土城子古城），一举破城，颉利可汗仓皇逃走。这一仗充分展现了李靖高超的军事指挥艺术，唐太宗李世民称赞说："当年汉朝名将李陵曾经率五千步卒进攻匈奴，最后寡不敌众，不得不投降匈奴。即便如此，他的勇敢也能够青史留名。今天李靖以三千骑兵深入敌境，攻克定襄，威震北狄，这可是古今少见的大勋奇功！"

此役虽然重创颉利可汗，但是他贼心不死，假意派人来归附唐朝，实则休养生息，伺机卷土重来。

唐太宗派出使者前往草原安抚颉利可汗，李靖揣摩到皇帝这样做其实是缓兵之计，于是决定率精骑一万，携带 20 天的军粮，突袭颉利可汗。

李靖的部队行至阴山，发现大量突厥斥候，也就是突厥的侦察兵。

双方一交手，突厥斥候全部被俘。

而那边，颉利可汗见到了唐朝使臣，见到那么多财物，因此放松了戒备。这时，另一路唐军名将苏定方率领200余骑冒着大雾，悄然疾行，直到距颉利可汗牙帐只有7里远的地方才被发觉。颉利可汗魂飞魄散，慌忙纵马逃窜，突厥部队亦作鸟兽散。李靖大军随即赶到，杀敌万余人，俘虏十几万，还缴获牛羊数十万只（头）。颉利可汗率领残兵败将万余人还想逃过大漠，却在碛（qì）口被唐将李勣阻挡，他手下的大酋长率部众投降。不久，丧家之犬颉利可汗被文成公主之父、任城王李道宗擒获，并解往京师。东突厥灭亡。唐朝西北边境的威胁自此解除。

后来，西北的吐谷浑进犯凉州。65岁高龄的李靖不顾脚上的疾病，再次请命出征，率领侯君集、李道宗等人经过两个多月浴血奋战，最终控制了吐谷浑全境。

79岁那年，李靖病逝，得谥景武，高宗皇帝赐其陪葬太宗皇帝的昭陵。

另外一位战神李勣，原名徐世勣，就是评书演义中军师徐茂公的人物原型。历史上，他是和李靖齐名的唐初名将。17岁时，徐世勣参加了瓦岗军，成为瓦岗军的主要将领。李渊建国时，徐世勣归顺唐朝。因为才德出众，被唐高祖赐姓李。后来李世民继位，李世勣又因为名字中“世”字犯了皇帝的讳，于是改名李勣。

上文咱们提到，李靖夜袭定襄时，李勣统领另一路唐军从云中（今山西大同）出发，在白道（今内蒙古呼和浩特北）与颉利可汗的败军遭遇。李勣的部队奋力冲杀，再次重创突厥部队。

此后，李靖大破颉利可汗于阴山，颉利可汗率万余部众准备逃往大漠。再次遭到李勣部队的拦截。一仗下来，李勣俘获五万多突厥部众。

李　勣

李勣曾在并（bīng）州（今山西太原）镇守16年。李世民对他保境安民的业绩非常满意，感慨道："隋炀帝不能选贤安民，只知道筑长城来防备突厥，对世情的认知糊涂至此。朕现在委任李勣在并州，就使突厥畏惧他的威名逃走。边塞安静，难道不是远远胜过修筑长城吗?"

后来，李勣参与唐朝灭薛延陀之战和唐朝灭高句丽之战，两战皆胜，名扬天下。特别是灭高句丽之战时，他已是75岁高龄。第二年，李勣病逝，高宗李治追谥其"贞武"，并赐其陪葬昭陵。李勣名列唐太宗凌烟阁二十四功臣第二十三名。

我们在查看唐初地图时可以看到，西域当时有高昌、焉耆、龟兹、于阗、疏勒、东西突厥等国家和部落。唐高宗时，大将程知节、苏定方率兵灭了西突厥。这个程知节就是评书演义里程咬金的历史原型，他并非武艺平常，只会插科打诨。同样也是久经沙场，后来名列凌烟阁二十四功臣。苏定方也不是评书演义里那个反复无常的奸诈小人，而是唐朝前期一位战功卓著的百战名将。

唐太宗贞观十四年（640），朝廷在交河城（今新疆吐鲁番西雅尔郭勒）设立安西都护府，统辖安西四镇，包括龟兹、于阗、疏勒和碎叶。安西都护府管辖的范围包括今天的新疆、哈萨克斯坦东部和东南部、吉尔吉斯斯坦全部、塔吉克斯坦东部、阿富汗大部、伊朗东北部、土库曼斯坦东半部、乌兹别克斯坦大部等大片土地。注意，安西四镇里的碎叶不在新疆，而在更西的吉尔吉斯斯坦。

后来武则天当政时，又设北庭都护府，管辖天山以北包括阿尔泰山和巴尔喀什湖以西的广大地区。

作为唐朝设在西域的最高行政和军事机构，安西都护府和北庭都护府相继设立，使得唐朝在西域可以有效行使政治、军事权力。对维护国家的统一，巩固西北边防，发展中西交通，促进西域和中原以至中外的经济文化交流，都有重大积极意义。

第三节　王玄策：最牛大唐使节

上一章里，我们说到玄奘大师前往天竺求法的故事。当时中天竺摩揭陀国的戒日王对玄奘法师格外器重。他听玄奘介绍大唐如何如何繁荣富强，充满了好奇，于是派使者前往唐朝，两国建立友好关系。

之后，戒日王再次派人出使大唐。唐太宗于贞观十七年（643）派使团回访摩揭陀国，使团的副使叫王玄策。此前，他只是一个小小的县令。

经过 9 个月的长途跋涉，使团一行由吐蕃、泥婆罗（今尼泊尔）到达摩揭陀国，受到戒日王的热烈欢迎，他们还遍走天竺，宣扬大唐国威，古印度各国也纷纷遣使与大唐建交。3 年后，唐太宗再派使团前往天竺，这次王玄策升任正使。

不料戒日王去世，奸臣阿罗那顺篡位。国内一片大乱之际，30 人的唐朝使团也受到攻击。王玄策率领使团英勇作战，无奈寡不敌众，全部被俘。一天夜里，王玄策趁看守不备，成功逃脱。

王玄策没有回国，而是来到临近的吐蕃寻求救兵。自文成公主入藏和亲，吐蕃和唐朝结成了可以信赖的友好邻邦。听说了王玄策的遭遇，松赞干布立即借出 1200 名吐蕃士兵，而吐蕃相邻的泥婆罗国的公主也嫁给了松赞干布，所以泥婆罗国也借出 7000 余名骑兵。

于是王玄策带着借来的 8000 多国部队，杀回摩揭陀国。激战三天，大破印度象兵，斩敌 3000，俘虏 12000，敌军溺水者不计其数，并得牛马无数。奸贼阿罗那顺趁乱逃走，收拢散兵与王玄策再战，再次战败被俘。王玄策的部队乘胜追击，又俘获了阿罗那顺的王妃、王子。天竺 580 座城邑相继投降，印度半岛为之震惊。这便是著名的“一人灭一国”的传奇。

令人意外的是，虽然王玄策威震天竺，但是大唐根本就没有把天竺当作一个可以与之相提并论的大国。所以，王玄策的战绩并未引起朝廷的关注。

此后，王玄策还曾出使过印度。

关于“一人灭一国”的真实性，很多人提出质疑。但是对于王玄策出使印度的历史贡献，史学界却一致表示肯定。

王玄策出使印度的最大功绩在于，开通了从吐蕃到印度的道路。这为我们之前提到的西汉时开通的南方丝绸之路，给出了一条重要的支线。此前，包括玄奘大师在内，人们都是穿越现在的新疆地区进入印度。而王玄策使团第一次出使时，便选择了经今天的青海、西藏、尼泊尔到达印度的路线，成功开辟了一条全新的南方丝绸之路线路。

此外，王玄策还将先进的制糖法从天竺带回了大唐。虽然唐朝人已经学会制糖，但是工艺相对落后。因为制出的糖块形色似石，味甜如蜜，所以得名“石蜜”。王玄策从天竺带回多名制糖工匠，皇帝命扬州进献甘蔗，采用天竺之法制糖，经过 12 年反复试炼，终于制出颜色黄白、品质远胜西域的糖。此后，天竺工匠在唐朝又利用“竹甑（zèng）法”制出了颜色较浅亮的精沙粒糖，唐朝这一先进制糖工艺又通过丝绸之路传回印度半岛。

第四节　舌尖上的丝路（隋唐版）

既然谈到了制糖，那么接下来就来说一说隋唐时期舌尖上的丝路。

茄子，原产东南亚和印度。南北朝时由尼泊尔传入，隋炀帝杨广超爱吃这种菜，还特别为它命名“昆仑紫瓜”。

扁豆，原产爪哇，南北朝时传入。

洋葱，原产伊朗、阿富汗，南北朝时传入，称“胡葱”。之前我提到过，带“胡”字就表明是外来的物品。

莴苣，原产西亚，隋朝时用重金求得，人称“千金菜”。

菠菜，原名波棱菜，唐太宗时从波斯传入。

芒果，由玄奘法师从天竺带回。

说完好吃的，再来说一个跟吃有关的东西，就是胡床。这是一种可以折叠的轻便坐具，类似小板凳，人坐的这一面不是木板，而是可以卷折的布或类似物，两边的腿也可以合起来。大家肯定会说，这不就是咱们平时坐的小马扎吗？这个东西有什么了不起，家家都有，学校搞活动，每个同学带的不都是胡床吗？

唐朝以前，特别是秦朝以前，中国人的坐姿跟咱们现在不同，叫跪坐。就是双腿跪在垫子上，屁股坐在小腿上。咱们看日本人现在还是这样坐在榻榻米上，很不舒服，而且很影响人体下肢的生长发育。

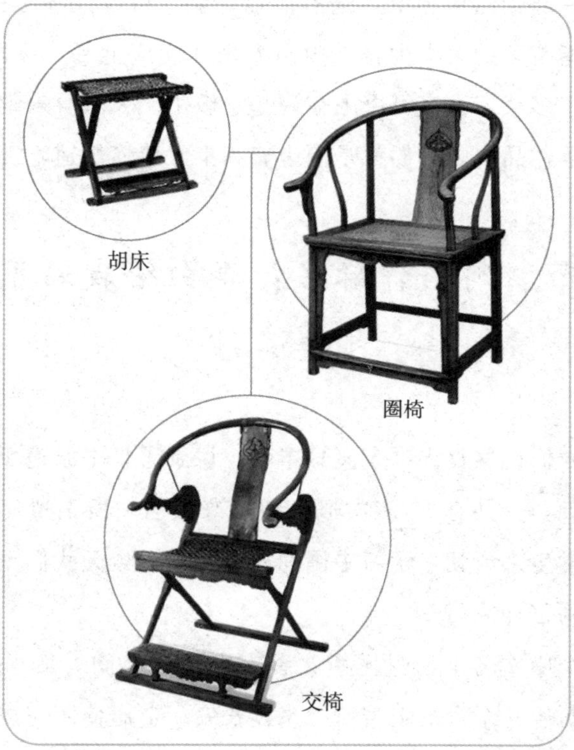

胡床的演变

胡床传入中原之后，小马扎让咱们坐高了，腿可以解放了。再加个靠背，就成了交椅。南宋时四个椅子腿又固定下来，便升级为太师椅、圈椅。

大家看，由于这样跪坐着，人是不能随便移动的，所以吃饭都是分食，每人面前一个长条几案，一大碗饭或者一碗饭几碟菜，都是各吃各的，不可能像咱们现在这样，围坐着一起吃。因为你站起来夹菜太麻烦了。我们读《史记》里描写鸿门宴的那一段，项羽、刘邦、范增就是各坐一方，各吃各的。

和胡床一起传到中原的，还有貊盘。貊（mò）是传说中的一种猛兽。貊盘是指装菜的大盘大桌。中国人坐在胡床上了，可以自由行动，貊盘可以放很多菜，大家可以围在一起吃饭了。大家看宋朝以后反映日常生活的绘画作品中，人们都是围坐着高桌大椅痛快地吃饭。

第五节　阿倍仲麻吕：李白给我写了一首《千里之外》

上一章我们说鉴真大师东渡日本时，说到了日本派遣唐使来中国学习。有唐一朝，一共有10多次遣唐使团来大唐。所谓遣唐使，就是日本政府派留学生来唐朝，学习中国的先进文化。今天我们重点提一位遣唐使，他叫阿倍仲麻吕。

阿倍有个中文名字，叫晁衡。唐玄宗开元年间，19岁的他随第9次遣唐使团历经几个月的艰苦航行来到长安。遣唐使团完成朝觐任务后返回日本，阿倍等人被大唐的文明深深震撼，决定留在唐朝继续学习。聪明好学的阿倍在朝廷最高学府——国子监太学毕业后，参加了科举考试，以优异成绩获得进士及第的功名，被授予左春坊司经局校书的官职。这是负责校订经史子集的差事，足见阿倍学识之高。

由于表现出色，阿倍受到玄宗的赏识，被留在皇帝身边，后来一直做到正三品光禄大夫兼御史中丞。光禄大夫是皇帝身边的近臣，御史大夫的职责是监察百官，相当于现在的中纪委副书记。唐朝在职官员最高品级就是正三品，一二品只是荣誉职衔，所以这个阿倍等于做到了唐朝政府里的最高官职。

阿倍不仅官做得大，还交结了一帮好朋友：李白、王维、储光羲……这些人全是当时的公知大 V。既然能和这帮大诗人一起交流诗文，阿倍的文采也不能小觑。咱们来看一首他写的《望月望乡》：

翘首望长天，神驰奈良边。
三笠山顶上，想又皎月圆。

意思就是，我在长安远望长天，我的心已经飞回日本的奈良老家。奈良的三笠山顶上啊，月亮也一定皎洁圆润。显然，他的汉语水平非常高，一首小诗写得清雅脱俗，韵味十足。

阿倍在唐朝呆了 37 年后，思乡心切，向玄宗提出回国申请，皇帝批准他回国。

1200 多年前的唐朝，从海上去日本，可不是件容易事。不是每周都有航班，必须等机会，有船队要去了，才能搭顺风船。不久，等来了机会。阿倍跟谁一起出海的呢？就是鉴真大师，那是大师第六次东渡。结果，在琉球附近遇到大风浪，大师的船安然无恙，一路到达日本。可阿倍的船却被吹到了今天的越南。到了越南后，还遇到当地土人的进攻，船上 150 余位同伴惨遭杀害。只有阿倍和 10 多个同伴死里逃生，历经艰难，几年后才辗转回到长安。

当时他们那艘船失事的消息传到长安，人们都以为他们遇难了。李白放声大哭，写下了这首痛哭版的《千里之外》——《哭晁卿衡》：

日本晁卿辞帝都，征帆一片绕蓬壶。
明月不归沉碧海，白云愁色满苍梧。

这首诗的意思是：日本的哥们儿阿倍离开长安回日本了，我送他离开千里之外。他的船队浩浩荡荡驶向遥远的蓬莱仙岛。阿倍的船像明月一样沉入大海，好哥们儿不能回来了，满天的白云都满心哀愁，笼罩着海上的苍梧山。

在这首诗当中，出现了几个缥缈空灵的地点。蓬壶，指的是蓬莱、方壶，都是神话传说中东方大海上的仙山。这里指的是晁衡的船队在东海中航行。而苍梧，本指九嶷山，这里指的是传说中东海上的郁州山。相传郁州山自苍梧飞来，故亦称苍梧。加上明月、白云、征帆、碧海这一系列优美悠远的意象，整首诗凄美孤绝的意境愈加浓郁。

虽然是痛失挚友，但是李白的哭不是一把鼻涕一把眼泪的哀号，而是长歌当哭。

两年后的755年6月，阿倍辗转回到长安，好友们喜极而泣。

不幸的是，4个多月后，“安史之乱”爆发，阿倍跟随唐玄宗逃往四川避难。之后，他随玄宗回到长安，继续为官，72岁时病逝。

今天，在日本奈良和中国西安分别有一座阿倍仲麻吕纪念碑。中日两国人民都以同样的方式纪念这位中日两国友好和文化交流的杰出使者，纪念他为增进中日友好，促进中日文化交流，建立的不朽功勋。

当年像阿倍这样在长安度过一生的外国人很多很多。长安是世界上第一个人口过百万的大都市，当时有40多个国家的侨民住在这里，包括来自非洲的昆仑奴（黑人）。他们可以经商，可以和中国人通婚，也可以考公务员做官，朝廷里的外籍官员有3000人之多，像太宗时的大将阿史那社尔就是突厥人，玄宗时的大将哥叔翰也是突厥人，大将高仙芝则是高丽人。

阿倍仲麻吕

唐朝为什么对外国人有这样大的吸引力？除了经济发达，文化灿烂之外，唐朝与同时期的大国东罗马帝国和阿拉伯帝国不一样的地方在于，唐朝对各种宗教是兼容并包的，不排斥任何一种宗教，所以赢得了各类人群的青睐。

和今天的北上广深一样，当年在长安街头，随处可以看到金发虬髯、高鼻深目的外国人。李白有诗云：“落花踏尽游何处，笑入胡姬酒肆中。”意思是说，唐朝人春游赏花之后，都去外国老板娘开的酒馆喝酒，足见当时长安城里有许多这样外国人开的酒肆茶楼。

有唐一朝，形成的是以唐朝为中心的国际体系。第一层以唐朝为中心，突厥、回纥、吐蕃、契丹、渤海、南诏、粟特等民族和政权环伺而立，在大唐体系下共存，吸收唐朝文化，与唐朝共同发展。第二层以新罗、日本、波斯、印度诸国、阿拉伯帝国、东罗马帝国等为外围，广泛扩展了唐朝影响力，实现了唐朝对中亚的影响力。这样的国际体系促进了民族融合，加强了中西方文化交流。正是那种开放包容的气度，成就了那个令人心驰神往的盛唐时代。

第六节　西域，再见

安史之乱爆发前 4 年的公元 751 年，在今天哈萨克斯坦境内江布尔州的怛（dá）罗斯，唐朝军队与新兴的阿拔斯王朝的军队进行了一场遭遇战。阿拔斯王朝是阿拉伯帝国的第二个世袭王朝，因为他们的旗帜多为黑色，于是中国人称他们为黑衣大食。

距离太宗皇帝设立安西都护府已逾百年，唐朝在安西四镇的影响力大不如前。玄宗统治中期，安西四镇节度使、高丽人高仙芝大败吐蕃、车师等国，威震西域。之后，高仙芝以“无蕃臣礼”为由，攻打石国（乌兹别克斯坦塔什干布）。在答应对方投降请求后，背信血洗石国，并斩杀该国国王。石国王子逃至黑衣大食求援。

正当黑衣大食的20万东征军启程之时，高仙芝已经得到消息，率领3万以唐军为主力的联军部队长驱700余里，在怛罗斯与大食军队遭遇。

激战五日，曾经在西域所向披靡的大唐陌刀一度占据绝对优势，但毕竟是3万对阵20万，兵力悬殊巨大。加之唐军迎风列阵，当西风裹挟着漫天黄沙卷地而来之时，战局出现翻转。更要命的是，大唐联军中的铁勒人葛逻禄部派遣军叛变，在阵后拦腰切断唐军步兵与骑兵的联系。高仙芝首尾难顾，兵败如山倒。此役唐军伤亡十之七八，损失惨重。高仙芝仅率千余人逃回长安。

虽然阿拉伯人赢了，但是赢得并不轻松，所以他们掉转马头，停止了东进的步伐。虽然这是当时东西方两大最强帝国的正面交锋，但是怛罗斯之战并未使唐朝伤筋动骨。

倒是4年后的安史之乱，使大唐彻底由盛转衰。历时8年的安史之乱除了直接导致藩镇割据外，还引起了严重外患，西域再度丧失。

地处西南的吐蕃虽然在唐朝初年与大唐两次和亲，但那是猴年马月的老黄历了啊。中唐时期，他们趁唐朝陇右、河西等地疏于防范，一举拿下巂（xī）州（今四川西昌）、维州（今四川理县）、松州（今四川松潘）、泾州（今甘肃泾川）等地。此后，吐蕃更是一举攻陷长安。唐代宗李豫仓皇出走陕州（今河南三门峡）。

尽管之后皇帝还都长安，但河西走廊与中原的交通还是彻底被切断了。西域沦为吐蕃和后来的回纥的领土，与中原王朝脱离达1000年之久，直到清朝乾隆皇帝平定大小和卓叛乱，设伊犁将军统辖新疆各地。

为对抗、削弱吐蕃，唐德宗时名臣李泌提出“北和回纥，南通南诏，西结大食、天竺”的战略，宦官杨良瑶奉命出使黑衣大食。公元785年，杨良瑶一行从广州南海登船，沿着南中国海航行，经过门毒、古笪、逻越、佛逝、天竺等国，一路艰险到达大食。通过与大食国王的沟通，结成唐朝与大食的政治联盟，从而实现四面牵制吐蕃的目的。而杨良瑶的西洋之旅比后来明朝郑和七下西洋整整早了620年。

当西出阳关成为奢望，当胡琴琵琶成为绝响，当汉唐气象成为故事，我们依依不舍地转头向东。因为海上千帆竞渡，一条蔚蓝色的丝路正徐徐吹响更加动人的号角。

第六章　漂洋过海　无问西东

第一节　海风吹过五百年

西方有句著名谚语："上帝为你关上一扇门的时候，一定为你打开了另一扇窗。"关于丝绸之路的历史，同样不会因为西域的丧失戛然而止。

寂寞的海上丝绸之路几乎和陆上丝绸之路同时开启。只不过由于当时造船技术的限制，海上丝绸之路的发展没有陆上丝绸之路迅速。但这并不代表海上丝绸之路一直停滞不前。而到了唐朝中期，陆上丝绸之路因为政治的缘故被中断、阻隔，海上丝绸之路方才走到历史舞台的聚光灯下，担当起历史重任。并且随着科技进步和经济文化发展，海上丝绸之路如虎添翼，驶入了日新月异的快车道，迎来了比陆上丝绸之路更加精彩的黄金时代。

我们的祖先与南海诸国的海上沟通交流，或许可以追溯到先秦时期——大量遗址和出土文物的发掘证实了这一点。秦汉之际，南方的南越国（范围大致是今广西大部、广东、福建一小部、海南、港澳和越南等）已经开通了与印度半岛之间的海路交流。公元前 112 年，汉武帝灭南越。南越成熟的海路交通拓展了西汉的海外贸易规模。

虽然海上丝绸之路不像陆上丝绸之路那样风生水起，但是我们在《汉书·地理志》还是找到了最初的记录，当时的海上丝路航线是：从徐闻（今广东徐闻县）、合浦（今广西合浦县）出发，经南海进入马来半岛、暹（xiān）罗湾、孟加拉湾，到达印度半岛南部的黄支国和已程不国（今斯里兰卡）。要知道，这可是 2100 年前的航线！

第二章中我曾经提到，公元 97 年时班超派甘英出使大秦，可是甘英到了安息的波斯湾，听渔夫说海上风浪太大，便打道回府了。

中国人从海路向西航行的纪录没有实现零的突破。

但是在欧洲大陆的古罗马帝国，中国的丝绸早已是人人艳羡的稀罕物：战场上，罗马军团鲜艳夺目的军旗就是由丝绸制成；剧场里，恺撒大帝那身紫红色的丝绸长袍亮瞎了贵族们的眼睛；深宫中，时尚达人、埃及艳后克里奥帕特拉更是命宫廷织工将中国运来的丝绸服装一件一件拆掉，然后按照她的设计重新编织成服装或者装饰品。贵族们的追捧使得中国丝绸的价格一路飙升，竟然涨到上等丝绸每磅价值黄金 12 两！皇帝不得不紧急下令，皇家不得穿用丝绸！

而罗马那位百科全书式的作家老普林尼，在他的著作《自然史》中竟然充满好奇地写道：“丝茧生在树叶上，取来用水湿一湿，理成丝，裁成衣服，光辉夺目。”足见当时对罗马人来说，丝绸是何等高贵的圣物。

西方人更渴望来到丝绸的故乡，探寻更多与丝绸相关的宝贝。东汉后期桓帝延熹九年（166），一个罗马商人终于从海路来到南海郡（今越南境内），自称是奉了罗马皇帝安敦的差遣，自埃及出发，经印度洋而来，向汉朝皇帝进献象牙、犀牛角等礼物。

当然，后世不少学者对此人的说法提出质疑：罗马皇帝派一个商人来做使者，显然于理不通。人们更愿意相信，这不过是商人的说辞，他来中国的目的，就是为了生意。不管出于何种目的，此人成了史书记载的，最早通过海路前来中国的西方人士。

60 年后的公元 226 年，罗马商人秦伦同样是乘船来到交趾郡（今越南）。他被带到东吴首都建业（今江苏南京），拜见了东吴大帝孙权。

相比西部航线的寂寞，海上丝路的东部航线似乎更有故事性。

沿着大海往东，一衣带水的便是日本。东汉初年的公元 57 年，日本列岛上的国王派使者来洛阳朝贺，表示愿意做大汉的臣藩，并请汉皇赐国名。光武帝刘秀非常高兴，见日本使者身材矮小，便赐国名为“倭国”，给日本国王赐名“倭奴王”。之后又赐“汉倭奴国王”金印一枚，由使者带回日本。

大家在很多史料上都能看到这枚金印的图片。纯金打造，印体方形，上方附蛇形纽。1784 年，日本两个农民在挖地时，在土里意外发现了这枚金印。当时有学者和当地土豪都想出重金拥有这枚金印。又过了将近 200 年，1979 年时这枚金印被捐到了日本福冈市博物馆。现在大家如果去日本旅游的话，不仅可以在福冈瞻仰到这枚金印，还能在旅

汉倭奴国王金印

游商品店里买到克隆版的倭奴国王金印纪念品。

后来的魏晋时期，日本都曾派人来向曹魏和西晋朝廷进贡。

公元 607 年，日本遣隋使小野妹子（抱歉，他可是个男的）率领使团前来长安，向隋炀帝递交国书。不料开头第一句话“日出处天子致书日没处天子无恙”就让隋炀帝十分反感，觉得小国日本不懂礼仪，便不予理睬。次年，隋朝使臣裴世清出访日本，让日本见识到了大国气象。一个月后，小野妹子随裴世清一起返回长安，再次访问大隋。这一次他们的国书吸取了之前的教训，抬头改为“东天皇敬白西皇帝”，避免了之前两国主从上下关系的矛盾，自此拉开了中日两国官方交流的序幕。

中学历史课本中曾提到，公元 230 年，东吴大帝孙权派卫温和诸葛直领兵万人，跨海前往夷洲和亶（dǎn）洲，夷洲是台湾，亶洲是日本。这是大陆第一次派人前往台湾。不过，课本上却没有说明这次出行的目的和结果。

这次出行的目的说来很可笑，孙权希望抓捕当地民众，充实东吴人口。而这个卫温和诸葛直到了台湾后，水土不服，士兵死伤大半，不得不空手撤回东吴。孙权不听他们解释，一怒之下把两人都给杀了。尽管卫温和诸葛直做了倒霉蛋，但是这次出行却开启了台湾与大陆的交流。此后，大陆与台湾的交流越来越多，隋炀帝时也曾三次派人前往台湾。

第二节　那些港口，那时繁华

海上丝绸之路崭露头角是在唐朝。特别是女皇武则天时期，海运发达，向东可到达朝鲜日本，往南可以到达爪哇，往西可以经过越南沿海、马六甲海峡、孟加拉湾、印度洋、阿拉伯海、红海，到达大食首都缚达城（今伊拉克巴格达）。海上丝绸之路已然渐渐替代陆上丝绸之路，成为中国对外交往的主要通道。

广州在那时已经成为沿海最大的港口和集散地。不论国内前往西洋（东南亚、印度）的商船，还是西洋来到中国的商船，都是在广州集中，完成一次给养补充后，或远航海外，或北上进入内地。唐高宗显庆六年(661)，朝廷在广州设立市舶使，总管海路邦交外贸，派专官充任。市舶使的职责主要是：向前来贸易的船舶征收关税，代表宫廷采购一定数量的舶来品，管理商人向皇帝进贡的物品，对市舶贸易进行监督和管理。从职能看，基本相当于现在的海关。

当时的广州街头满是西洋侨民，以阿拉伯人居多，人口在20万以上。他们居住在统一的社区，区内街道纵横，布满阿拉伯式建筑。

在《新唐书·地理志》中，我们看到，这条由广州为起点，通往东南亚、印度洋北部诸国、红海沿岸、东北非和波斯湾诸国的海上航路，被称作“广州通海夷道”，或许这是海上丝绸之路最初的名字。航线全长14000千米，是当时世界上最长的远洋航线。

唐朝中期以后，海上丝绸之路开始成为中国对外交往的主要通道。通过这条航线，唐朝向南海、印度洋沿线的波斯湾、东非和欧洲等国家和地区，输出了丝绸、瓷器、茶叶和钢铁器四大宗货物。同时，输入了香料、花草等这些中国看不到的奇珍异宝。

除广州之外，明州（今浙江宁波）也是重要港口之一。隋朝开通大运河后，明州成为大运河的出海口。通过钱塘江、长江、大运河等众多水系，明州港的辐射力拓展到众多内陆省份。日本遣唐使先后四次在明州登陆入唐。明州商团崛起，越窑青瓷远销世界各地。中国的东海航线主要就是由明州进出港。

我们要感谢隋炀帝杨广，是他下令开通大运河，连接了南北水道。大运河的开通，也让陆上丝绸之路与海上丝绸之路实现了牵手，大运河因此也被誉为“东方世界主要国际交通路线”。而陆上丝路与海上丝路的连接点就是扬州。

“天下三分明月夜，二分无赖是扬州。”扬州不仅物华天宝，人杰地灵，更兼得江、河、海运之便，早在隋朝就确立了自己作为全国水陆交通枢纽的地位。随着海上丝绸之路的兴盛，扬州一跃成为吞吐四海，沟通宇内的大唐窗口。扬州当地的西洋侨民也有数万之多。

所谓“扬一益二”，指的是唐朝最负盛名的国际大都会中，扬州排名第一，而益州（今四川成都）紧随其后。如果说扬州通海，是万商云集的水陆码头，那么益州则是内陆贸易繁荣的财富聚焦地。

福州作为东南沿海的港口，唐朝时并未显出超凡的潜力。唐末五代时期，王潮、王审邽（guī）、王审知三兄弟（人称“王氏三龙”）执掌福建军政，积极招徕商贾（gǔ）交易，去除苛捐杂税，并根据当地佛教盛行的情形，有力促进福建与海外诸国的佛教文化交流。

同时，王氏三龙以福州、泉州为中心，合理布局，发展港口贸易，使得大船可以直达福州码头。著名的甘棠港便是此时开通的外埠港，最终使得福州成为中国对外贸易的重要窗口。宋元时期大放异彩的泉州也在王氏三龙当政之时飞速发展。

北通新罗、日本，南抵东南亚、南亚甚至中亚阿拉伯等国，福州日渐成为海上交通要塞。公元 933 年，王审知之子王延钧在福州称帝，国号闽，这便是五代时期南方十国当中的闽国。王审知三兄弟因此被称为“开闽三王”。

“朱李石刘郭，梁唐晋汉周。都来十五帝，播乱五十秋。”唐朝结束后，熬过 53 年的五代十国，中国历史迎来了经济最富庶、文化最发达、政治最昌明的两宋时段。

公元971年，宋军南下灭南汉，宋太祖赵匡胤便在广州设立市舶司，负责税收、船舶往来贸易交流之事。后来又在沿海的杭州、明州、泉州和密州（今山东诸城）这四州设市舶司。显然宋朝的海上贸易比唐朝更加繁荣。

在新设市舶司的四个州当中，我们有必要重点了解一下泉州。宋朝的海外贸易蓬勃发展，客商们都希望港口的地理条件能够为自己的商贸活动带来便利。日本和朝鲜半岛的客商，希望中国的主港口尽量靠北，贸易量更大的阿拉伯世界和南海诸国的老板们则更愿意港口尽可能地偏南一些。而能够顾及到南北客商需求的港口，恰好是当时地处南北海岸中间位置的泉州。独特的地理优势使得泉州在设立市舶司正式开港后，迅速超越明州港，不久又追平广州港，并在南宋晚期最终实现反超，成为中国第一大港。关于泉州，下一章我们还将作详细叙述。

第三节 海上贸易，拼的是高科技

宋朝出口的货物主要是丝绸和瓷器，进口的货物则是象牙、犀牛角、香料等。原先陆上丝绸之路的运输工具主要是骆驼和马，所以货物不能太大，不能太重，于是丝绸成为主要货物。现在海运兴起，则可以承载更多货物，更重货物，故而瓷器这个中国特有的产品备受海外商人青睐，渐渐成为海运的主打货物，甚至海上丝绸之路也因此多了一个别名——“海上陶瓷之路”。当时与中国通商的国家和地区已经有50多个。

发展航海事业最重要的是什么？是科学技术。没有先进的科学技术，就没有繁荣的航海事业。当然还要有丰厚的经济基础。显然，海上丝路走到两宋，正当其时。

首先，海上航行很重要的一点是辨明方向，所以人们需要指南针。这样一根装在轴上可以辨别方向的小小磁针，是中国古代四大发明之一，它的发明对人类科学技术和文明的发展，起了不可估量的作用。

早在上古传说中，指南针的概念就已经出现。传说黄帝与蚩尤交战时，蚩尤用法力造成飞沙走石的混乱局面，让黄帝的部队分辨不清方向，打了败仗。黄帝于是发明了指南车，在战场上辨清方向，最终打败蚩尤，统一华夏。

在真实历史中，先秦时期，我们的祖先在探寻铁矿时，发现了磁石的特性。在今天河北邯郸的武安磁山，他们开采出大量磁石，发明了司南——磁性指向器。

之所以叫司南，东汉王充在著作《论衡·是应篇》里给出了解释：“司南之杓（sháo），投之于地，其柢（dǐ）指南。”这个“杓”指勺子。

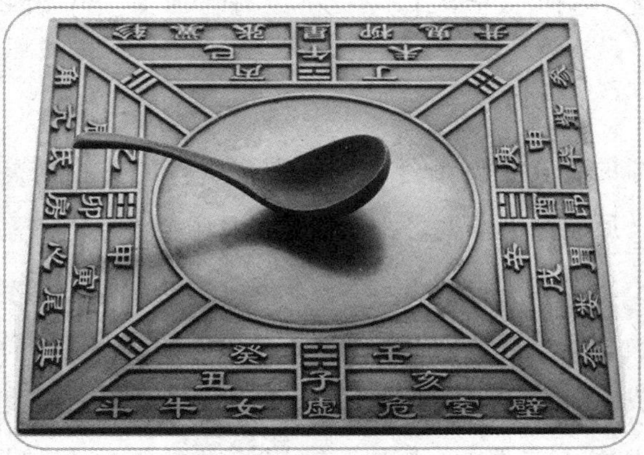

司南模型

这个“地”是指秦汉时期用于游戏或占卜的栻盘。栻盘上刻有 24 个方位，中心刻有象征北斗七星的标志。王充这句话的意思就是：勺子形状的司南，放在栻盘上，它的勺柄必然自动指向南方。

最初的司南只是一根条形磁石，后来逐渐变成勺形。很可惜，至今我们还没有发掘出土到实物。但是从古代文献的图画上，我们看到了司南造型的精巧。先秦著作《鬼谷子·谋篇》里说：“郑人取玉，必载司南，为其不惑也。”原来，郑国工匠进山采玉，为了避免迷失方向，司南就成了他们的标配。既然与玉石行业相关联，怪不得这柄磁勺做得如此精致。

到了唐朝，堪舆盛行。所谓堪舆，就是看风水。风水师们成天捧着大磁盘揣着大磁勺登山涉水，实在太辛苦，于是指南鱼应运而生。北宋曾公亮在《武经总要》一书中，记载了指南鱼的制作方法：把薄铁片剪成鱼形，再让其磁化，放到水中，即可指示南北。

进入两宋，司南又被改造成更加精巧的指南针。宋朝科学家沈括在他的科学著作《梦溪笔谈》里，详细记载了水浮磁针的四种制作方法：“水浮”法、置“指爪”法、置“碗唇”法及“缕悬”法。由于磁针的指向精度高，人们又发现了磁偏现象。

指南针通过海上丝路被来中国做生意的阿拉伯商人传到欧洲，造福了往来东西的万千商旅。也正是指南针的广泛应用，使其工艺不断得到改进，最终使得 15 世纪以后的西方新航路开辟成为可能。

除指南针外，宋朝航海的发达也与高超的造船技术密不可分。在著名的《清明上河图》中，我们随处可见东京汴梁的汴河之上，船只体积巨大。内河中都有这样的大船，出海船只的规模可想而知。史料记载，当时宋朝的神舟，桅杆高十丈，顺风帆、侧风帆、逆风帆各种帆多达 50 幅，船体高大、结构坚固，还有水密隔舱设计。

据现代船史研究者考证、研究，宋朝的神舟全长 38 米，装载量 240 吨。为了使神舟能在风浪中保持稳定航行，在船的两舷缚有两捆大竹。如遇风浪，船身激烈摇摆时，将船上预备的游碇放入水中，可以减小摇摆。此外，船上还装有两种根据水道不同使用的船舵：正舵和副舵。为了控制航向，保证船只不发生漂移，在船尾还可以插下二把棹，称为三副舵。正是采取了这些技术措施，宋朝的神舟才能够在海上畅通无阻。宋朝每年造船产量近千艘。造船技术领先西方五百年。

此外，发展贸易还有一个重要发明——纸币交子的出现，方便了商品交易。

大家知道，古代不能进行手机支付，也没有银行卡。买东西必须带银子和铜钱。我们在很多小说和影视剧里看到，古人动不动随身揣着几百两银子。大家可以算一算，古代 1 斤合 16 两，100 两银子就是 6 斤多重。成天随身背着几十斤银子到处跑，可能吗？所以，大商人在进行大额交易时，不可能装着整船整车的银子来。于是，北宋仁宗时由政府发行了交子，就是纸币，这又是一大进步。中国的交子比后来欧洲和美国发行纸币，早了六七百年。

第四节　天青颜色属宋瓷

前面我们提到，陶瓷是宋朝之后中国海外贸易量最大的出口货物，海上丝绸之路一度被称为“海上陶瓷之路”。那么，宋朝的制瓷业究竟牛到什么程度呢？

瓷器不仅制作考究，而且文化底蕴深厚，对工艺和科技要求极高。只有在经济繁荣、文化发达的宋朝，制瓷业才能得以空前繁荣，将追求自然风韵的审美发挥到极致。

当时全国有五大名窑：汝窑、官窑、定窑、钧窑和哥窑。生产出来的瓷器是：青如天，明如镜，薄如纸，声如磬（qìng），精美绝伦。民间还有一句俗语："家财万贯，不如钧窑一件；钧窑十件，不如汝窑一片。"足见宋瓷分类之细，工艺之精，价值之高。

台湾词人方文山在歌曲《青花瓷》中写道："天青色等烟雨，而我在等你。月色被打捞起，晕开了结局。"这一抹动人的天青色，便是宋瓷的经典颜色。相传北宋末年宋徽宗做了一个梦，梦到骤雨初歇，山抹微云，远山的那一抹天青色令他惊叹。醒来后，他吟出两句诗："雨过天青云破处，这般颜色做将来。"其实这就是14字的圣旨，命各大窑场的工匠们动手制作。结果还是汝窑的工匠技高一筹，用玛瑙研成细粉作主料调成釉汁，烧出蟹爪纹路，生产出了胎质细洁，釉色天青，同时又是青中带蓝，晶莹发亮的绝世珍品。

从北宋的11世纪到19世纪，瓷器一直是中国销量最大的出口货物。日本人曾费尽心机，用尽各种办法进行研制，仍旧没能造出品质接近的瓷器。

提起宋瓷作品，咱们经常会想到睡孩儿枕。这是北宋定窑的瓷器，现在保存于故宫博物院，被称为九大国宝之一。整件作品胎体厚重，通体施白釉，釉色白中略泛象牙黄色。外底素胎无釉，有两孔。瓷塑造型饱满，雕琢线条流畅，面部细部刻画极为传神，生动地表现了孩儿形象的姿态和特征，堪称中国古代瓷器中一件精美绝伦的名品。

关于这件国宝，还有一个有趣传说。相传北宋时，定窑当地有一

北宋定窑白瓷睡孩儿枕

对制瓷工匠，结婚 10 多年一直没能怀孕。夫妻俩便去当地天后宫拜求天后娘娘赐子，并按照民间习俗，用红线拴了一个泥娃娃回家。过了一年，妻子仍旧没有怀孕。丈夫一气之下，把泥娃娃摔碎了。妻子见状大哭，哭着哭着就睡过去了。睡梦中，她看到一个可爱的胖娃娃在草地上跑来跑去。跑累了就倒地上，头枕着小胖手睡着了。一觉醒来，妻子对那个娃娃睡觉的样子念念不忘，就动手画出样子，挑了块上好的坯土开始做瓷枕头。丈夫看妻子喜欢，也就帮着她一起做。不久就做好了这个睡孩儿枕。妻子非常喜欢，每天都枕着它睡觉。不到半年，妻子怀孕了，后来生下一个又白又胖的大小子。精巧的工艺、惟妙惟肖的神态，加上这个有趣的传说，使得这件国宝自带喜感，人见人爱。

说到瓷器，大家都会想到“中国”的英文——China，这个发音就跟瓷器有关。早在隋唐时期，江西昌南镇就因盛产青白瓷天下闻名，外国人因此借昌南的谐音来称呼中国。宋真宗景德年间（1004—1007），皇帝以年号御赐昌南一个新的名字：景德镇。自此，“瓷都”景德镇名扬四海。

那么历史上外国人都是怎样称呼中国的呢？当初，希腊马其顿国的亚历山大大帝东征之时，听说东方有个盛产丝绸的国家，于是他们便以 seres（丝绸）来称呼中国为塞里斯国。这可能是中国最早的外文名字。

刚才我提到，中国的英文叫 China，源自昌南县的谐音。历史上还有一种说法。说因为秦的发音是 Chin，而波斯语就称中国为 Chin，于是西方人按照他们的语法习惯，在 Chin 之后加上一个后缀字母 a，表示地域，于是就有了 China。而印度的梵文称唐朝为 Cina（支那），这是思虑、智慧的意思。需要提醒的是，这个 Cina 与日本近代对中国带有诬蔑意味的支那提法，不是一回事。

而突厥语称中国为 Tabgac，根据发音我们判断，这是拓跋的谐音。拓跋，正是南北朝时期北魏皇族的姓氏。与之类似的，俄语称中国为 Kitai，这是契丹的谐音。当初和俄国相邻的正是契丹，所以他们把契丹视为中国。

第五节 从贪官的意外之财看宋朝海上丝路的繁荣

我们前面说宋朝的海外贸易发达，但究竟宋朝的海外贸易牛到什么程度，比唐朝强多少？我们来看一个小例子。

南宋初年有个奸臣叫张俊，此人与岳飞并称“南宋中兴四将”，其实是个不折不扣的贪官奸臣。他和秦桧勾结，害死了岳飞。今天杭州岳王墓前跪着的四个奸臣里有一个就是张俊，其他三个是秦桧、秦桧的老婆王氏和万俟卨（mòqíxiè）。

让张俊留名史册的，却是当年他请宋高宗吃的一顿家宴。郭德纲表演相声《报菜名》时，一口气说出了满汉全席的108道菜。而著名的《武林旧事》一书详细记载了张俊这次宴席上的菜肴，整整写了1000来字。据说仆人走马灯似的上了几百道菜，愣是把个见多识广的宋高宗看呆了。这顿饭也成为中国历史上最奢华的一次筵席。

能请皇帝吃如此豪华的大餐，张俊就得成天想着大把大把地赚钱。别看他打仗不行，却让部队成天替自己盖别墅、开饭店挣钱。他还专门挑选长得帅气的士兵在腿上刺上漂亮的文身，然后穿着短裤像模特一样在临安街头招摇过市，人称“花腿军”。试问这样的军队哪里还有战斗力？所以，张俊的兵大都好吃懒做。

有一天吃过午饭，张俊在自家后花园散步，发现草丛里有一个老兵在睡大觉。张俊很恼火，抬脚把老兵踹醒：“你个懒鬼，跑在老爷花园里睡觉！”

这个老兵也挺有个性：“反正没事干，只好睡觉。”

张俊反问：“没事干？你说就你这样的，能干啥？”

没想到老兵回答：“挣钱的活儿我都会一点，比如回易。”所谓回易，相当于咱们今天说的国际贸易。

张俊是个财迷，听到“挣钱”眼前就一亮，于是也不怪老兵了：“既然如此，我吩咐你一件差事。给1万钱，你替老爷我去海外跑一趟生意如何？”

老兵一摇头：“这点钱，不够我忙活的。”

张俊加价："给你5万呢？"

老兵又一撇嘴："还是不够。"

张俊于是问："那你说要多少？"

老兵一伸手："没有100万，至少也要50万。"

此时在张俊眼中，这个老兵不再是游手好闲的兵油子，而是长袖善舞的赚钱高手。立即答应给他50万，任其支配。

张俊真有钱啊，随随便便出手就是50万。这个老兵既不是骗子，也不是吹牛。拿了钱之后，他首先命人打造了一艘极尽奢华的大船，招聘了能歌善舞的美女及乐师百余人，又到处收购了绫锦奇玩、珍馐果品以及金银器皿等，并征募了十余名看上去高大威猛的汉子做将军，再招募兵丁百余人。接着，按照拜访海外诸国的宴乐礼节，全体人员认真演练了一个月。准备停当，老兵的贸易船队扬帆出海了。

过了一年，老兵回来了，而且是满载而归，除珍珠、犀角、香料、药材外，还有南宋军队中奇缺的战马。老兵告诉张俊，粗略算来，出海一年我们挣了上千万贯——这可是几十倍的利润。张俊心花怒放，就问老兵："你怎么做得这样好？"老兵便把船队游历西洋诸国的贸易经历详细作了汇报。张俊拍手称赞："吃粮当兵真是屈了你的大才！"于是重重赏赐了老兵，并问他能否再去一趟。老兵连忙摆手："这可不是闹着玩的。我冒充官方使者与那些小国做一次生意可以，不能做第二次。说不定人家现在已经醒过味儿来，四处抓我呢。还要再去那就是自投罗网了。老爷还是让我给您去看后花园吧。"

这个老兵的海外商贸之旅，固然有假冒官府、忽悠客户的因素，但从另一个侧面，我们也能看到宋朝当时发达的海外贸易，以及宋朝在海外诸国心中贸易大国的高大形象。

第六节　历史上的“段誉”与南方丝路

金庸名著《天龙八部》里，有一位玉树临风的大理国王子段誉。历史上这个段誉的原型叫段正严，又名段和誉。他是云南大理国第 16 位皇帝，他在位 39 年，后来禅位出家为僧，活了 94 岁。

据说，当年宋太祖赵匡胤平定四川的后蜀时，手下请示，要不要继续挥军南下，平定云南。宋太祖在地图上沿着大渡河顺手一划：“此外非吾所有也。”意思就是说，大渡河以南不是我大宋的疆土，表明大宋承认了当时的大理国政权。

段正严做大理皇帝时，勤于政事，爱护百姓，任用贤臣。他积极交好宋朝，曾经送去贡马 380 匹及大量珠宝、麝香、牛黄、细毡等物品。当时的宋徽宗非常高兴，加封段正严为金紫光禄大夫、检校司空、云南节度使、上柱国、大理国王。由于大理国送来的广西等地的马匹优良，后来广西就成为南宋主要马匹供应地。大家知道，古代作战，战马极为重要，骑兵就相当于现在的装甲机械化部队。两宋之时因为北方都是少数民族政权，所以宋朝一直战马缺乏，宋军在战场上总是处于劣势。大理国能够主动提供战马，这对宋朝来说，简直是雪中送炭。除了马匹、茶、丝绸、瓷器的贸易外，大理国还向宋朝求购书籍，学习中原文化。

关于南方丝绸之路，我们前面曾提到，这是中国古代西南地区一条纵贯川滇两省，连接缅、印，通往东南亚、西亚以及欧洲各国的古老国际通道。公元前 129 年，汉武帝命司马相如负责开通这条线路。

茶马古道

唐宋时期随着茶马贸易的兴起，茶叶、马匹成为南方丝绸之路最主要的交易商品。虽然茶叶、马匹的贸易利润并不可观，但是由于茶叶是西南少数民族的生活必需品，而马匹又是中原王朝重要的战略物资，因此茶马互市的战略意义显得尤为重要。随着茶马在整个贸易份额中占据的比重越来越大，南方丝绸之路也被我们称为“茶马古道”。

两宋时期，南方丝路在大理国王段正严手上得到了复苏。这个段国王自幼礼佛，64 岁时因为国内政局动乱，他心力交瘁，于是传位给儿子，自己则在著名的大理崇圣寺出家。此后远离政治，一心向佛的他与世无争，94 岁才离开人世。

本章最后，我们还要聊一聊两宋版的舌尖上的丝路。

相比汉朝和唐朝，宋朝传入我国的食物不算太多，但每一样都是好东西。比如：

绿豆，原产印度，宋朝传入中国；

西瓜，原产非洲，唐初传到西域，五代以后传入中国内地；

丝瓜，原产印度，唐朝以后传入中国；

南瓜，原产非洲，宋朝之前由波斯传入，当时称番瓜。

以上都是健康食品，都是夏季清热下火的好东西。此外，棉花原产印度、阿拉伯，南北朝时传到边疆，宋朝后期传入中原。

南宋词人辛弃疾的名篇《永遇乐·京口北固亭怀古》有云：“风流总被雨打风吹去。”两宋风流，320 年转眼成一梦，而北方蒙古高原的草原“苍狼”部队已经在弯弓搭箭。丝路悠悠，何去何从？

第七章　马可·波罗：我为中国打 Call

第一节　两宋：与“狼”共舞三百年

当我们流连于两宋的风流俊逸之时，总被一种莫名的隐忧牵绊。因为大宋的疆域是残缺的，北宋只实现了中原地带的统一，南宋更是只有长江以南的部分领土。320 年间，与宋朝同时存在的有好几个少数民族政权。

说起这个，还得追溯到唐朝末年。公元 907 年朱温篡权，唐朝灭亡。10 年后的 916 年，北方契丹族首领耶律阿保机建立契丹国，后改国号为辽。此后的 210 年间，契丹人一直是中原王朝北方的巨大威胁。公元 936 年，后晋皇帝石敬瑭割让燕云十六州，也就是将今天北京、山西、河北的大片土地拱手奉送给契丹。燕云十六州成为此后 300 余年间历代皇帝心中永远的痛。宋朝开国后，太祖赵匡胤还没来得及与契丹进行正面 PK 就去世了。继任的太宗赵光义又是一个志大才疏的文人皇帝，虽然派兵与契丹人多次交手，结果基本都是宋朝惨败。直到真宗景德年间——不错，就是上一章我们提到的，景德镇得名的那个景德年间，宋辽双方签订“澶（chán）渊之盟”，两国实现停战，但是宋朝北方的威胁并未解除。

同时，在宋朝西边，也就是今天甘肃、宁夏地区，又一个强悍的少数民族——党项兴起。公元 1038 年，党项人首领元昊建立大夏国，史称西夏。面对西夏的骚扰，宋朝虽然也曾多次用兵，同样是败多胜少。

我曾经提过，在冷兵器时代，骑兵部队在战场上有着绝对优势，而良马主要产在北方。所以战马奇缺的宋朝，在战场上自然无法与草原民族的快马弯刀抗衡。好在宋朝经济富庶，打不了，那就拿银子买和平吧。

就这样时战时和，到了北宋后期的 1115 年，东北白山黑水之间女真族横空出世。女真人比契丹人、党项人都要生猛。江湖风传：“女真不满万，满万无敌于天下。”虽然人数不多，但全民皆兵的女真人只用了 10 年时间就灭掉了疆域面积超过北宋的辽朝，接着再用 2 年时间攻入东京汴梁，连皇帝带太上皇，外加后妃王子公主，大宋皇族的男男女女几乎都成了金人的俘虏。侥幸逃脱的宋徽宗九子康王赵构在南京应天府（今河南商丘）草草登基，延续了大宋国祚，之后便带人一路南逃至江南。接下来的 100 多年间，南宋与金朝隔江而治。

大家手边如果有两宋地图，就能看到：北宋时，与宋并立的有辽和西夏，还有回鹘、吐蕃和大理。南宋时，疆域更小，周边还有金、西夏、回鹘、吐蕃、大理，西北远方还有一个西辽。南宋爱国诗人陆游的名作《书愤》中写道：“楼船夜雪瓜洲渡，铁马秋风大散关。”瓜洲渡在今天的江苏扬州，大散关在今天的陕西宝鸡。大散关到瓜洲这一条线就是当时南宋和金朝的分界线。抱残守缺的南宋握住的正是中国经济最富

西夏王陵

庶的半壁江山。

草原上的战斗民族向来没有最强，只有更强。正当女真人在中原耀武扬威之际，蒙古高原又一个强悍民族兴起。他们自称苍狼的后代，他们才是野蛮人中的战斗机。他们纵马狂奔，射雕引弓，一举灭掉了金、西辽和西夏。之后，挥师西进，所向披靡，一路打到欧洲多瑙河流域。接着再度回师，于1279年灭掉南宋。

元朝全盛时期，大蒙古帝国由四部分组成，也就是所谓的四大汗国，包括元朝本部也是一个大汗国，其他还有三个汗国：金帐汗国（也有翻译成钦察汗国）、伊尔汗国和察合台汗国。整个大蒙古汗国地跨欧亚大陆，总共有多大面积呢？大约3300万平方公里。这个数字意味着什么？我们知道，地球上的陆地总面积约1.2亿平方公里。也就是说，蒙古人占据了地球四分之一的土地，简直不可思议。从蒙古兴起到灭南宋，成吉思汗和他的子孙在70多年的时间里，灭国40余个，征服民族720个，征服人口多达6亿。蒙古人的生猛，亘古少见。

第二节　成吉思汗：一代天骄or上帝之鞭？

说到蒙古的传奇，就一定要提一个人——孛尔只斤·铁木真。他是世界史上杰出的政治家、军事家。在影响人类历史进程的100人当中，他排名第21位。公元1206年，他统一蒙古各部，称成吉思汗。汗是蒙古部落首领的称呼，成吉思是大海的意思，成吉思汗就是指拥有四海的汗。

铁木真和他的子孙打造了一支中世纪战斗力最强的旋风部队——蒙古骑兵。这支部队体格健壮，善打硬仗；他们来去如风，快如闪电，并且能够忍耐极其严酷的气候条件，而他们取胜的最大秘诀在于：极其严密的组织，极其严格的纪律，每个士兵都是军令最严格的执行者。

矮小精壮、耐受力超强的蒙古马驮着骁勇善战、一往无前的蒙古骑兵历时 40 年，在欧亚大陆展开了 3 次大规模西征。

原本，成吉思汗并未想过要兵锋西指，因为他的敌人是金朝。但是丝绸之路上的一起流血事件点燃了蒙古大汗的怒火。蒙古商队在中亚咸海以南图兰低地的花剌子模王国边境，遭遇该国边境官员的屠杀。之后，成吉思汗再派使团前往，要求对方交出凶手并就此事道歉，结果正使被杀，副使被羞辱后放回。

成吉思汗很生气，后果很严重。

1218 年，成吉思汗亲率 20 万大军西征，先灭西辽，再破花剌子模，击败俄罗斯联军，兵锋直抵伏尔加河畔。花剌子模的灭亡给了原本没有太大野心的成吉思汗和他的子孙巨大鼓舞：原来世界是可以征服的，原来胜利者可以为所欲为，原来征服的感觉如此霸道。

第一次西征回师后的第二年（1227 年），蒙古大军再攻西夏。西夏都城破城前夕，成吉思汗死去，但是蒙古骑兵并未停下征战的脚步。7 年后的 1234 年，蒙古灭金。

1236 年，成吉思汗之子窝阔台汗任命拔都为统帅，率 15 万大军开始第二次西征。攻破莫斯科，占领克里米亚，攻占乞瓦（今乌克兰首都基辅），击败孛烈儿（今波兰）与日耳曼联军，进入马札尔（今匈牙利）、奥地利，横扫东欧平原诸国。整个欧洲震惊了。幸而 1242 年初，窝阔台汗病死，拔都奉命引军东归。

1252年，成吉思汗之孙、新继位的蒙哥汗命其弟旭烈兀率10万大军开始第三次西征。先破波斯北部回教国家木剌夷（今伊朗境内），再灭立国已500年的黑衣大食阿拔斯王朝。之后继续西行，攻城百余座，直抵叙利亚。不久攻占大马士革，进逼小亚细亚，大败巴尔干诸国联军。正当蒙古军队攻陷富浪国（今塞浦路斯），准备进攻埃及之时，东方传来蒙哥汗的死讯，旭烈兀不得不率军东归。

长达40年的蒙古西征终于结束。

对于蒙古西征，以及后来灭宋、东征日本这一系列的军事行动，请大家冷静地加以思考。在蒙古骑兵出神入化的战争艺术背后，是亘古少见的野蛮杀戮和残酷征服。蒙古骑兵每到一处，意味着一个国家、一个民族、一个文明的灭绝。欧洲人惊呼：这是来自亚洲的黄祸。因为蒙古人是黄种人，相比1000多年前的匈奴首领阿提拉，成吉思汗是更加恐怖的“上帝之鞭”。

虽然在客观上，蒙古西侵打破了各国之间的疆界，联通了欧亚大陆，使陆上丝绸之路重又开启。或者说，蒙古人用快马弯刀，让世界第一次实现了全球化。但是，我们并不想看到这样的全球化方式。

在这里，我还想纠正一个普遍的错误认识。很多人因为元朝是中国历史上的一个朝代，蒙古族也是中华大家庭56个民族中的一个，于是顺理成章地认为，铁木真也是咱们的祖先，是我们的民族英雄。

其实不然。铁木真是蒙古人，但他并不是我们今天56个民族之一的蒙古族的祖先。他是内蒙古自治区以北的蒙古国人的祖先，他不是中国人。蒙古骑兵横扫欧亚，同样伤害了中国。在蒙古征服欧亚大陆的战争中，南宋军民进行了近半个世纪艰苦卓绝的斗争。1259年，蒙哥汗亲率大军进攻四川，在重庆钓鱼城遭遇宋军顽强抵抗。围城半年不克，8月蒙哥汗在前线暴毙，从而中止了蒙古第三次西侵行动。

鄂尔多斯成吉思汗陵

而那些把“黄祸论”与当今中国的发展相关联的论调更是无稽之谈。800多年前，入侵中亚、西亚和东欧的，不是中华民族的祖先。这些都是借蒙古西侵为借口，仇视中国、妖魔化中国的荒谬之说。

第三节　丘处机的苦心

金庸先生的小说《射雕英雄传》里，有一位全真教道长叫丘处机，历史上确有其人。他道号长春子，是全真道掌教，南宋末年思想家。

全真教，也叫全真道，是道教主流教派，创始人是王重阳。丘处机自幼父母双亡，但是自强自立，19岁出家，拜王重阳为师，成为王重阳嫡传的“全真七子”之一。

虽然身处乱世，但是丘处机因为道行高深，受到金、南宋和蒙古三方朝廷和百姓的推崇。40岁时，他奉金世宗旨意前往燕京（今北京），塑恩师王重阳像，还主持了金世宗诞辰“万春节”醮（jiào）事，并对皇帝提出“持盈守成”的告诫。56岁时出任全真教第五任掌教。

当时山东爆发“红袄军”起义，反对金朝统治。金朝征剿不利，于是请来丘处机招抚乱民。丘道长出马，起义军纷纷“投戈拜命，二州（登州、宁海）遂定”。

此后，金宣宗召丘处机前往汴梁，宋宁宗请丘处机前往临安。丘处机认为这两个朝廷都是腐败透顶，两个皇帝一个有“不仁之恶”，一个有“失政之罪”，便以“天意”为由，予以推辞。

这时，成吉思汗也听说了丘处机的大名，派人前来邀请。别看成吉思汗杀人不眨眼，但是年近花甲的他也开始惧怕衰老和疾病，所以到处寻找可以帮他长生不老的高人。

丘处机可以拒绝金朝和南宋，但他不敢得罪杀人魔王铁木真。密切关注国内局势的丘道长很清楚，未来将是蒙古人的天下。加上蒙古使者软硬兼施的邀请，73 岁的丘处机不得不答应西行。

接下来的两年时间里，丘处机带着 18 名弟子，由莱州（今山东蓬莱）奔燕京，出居庸关，北上克鲁伦河，再向西越过阿尔泰山，至赛里木湖，穿越中亚，艰难长征 1.7 万公里，途中还付出了 1 名弟子的生命，最终于1222 年初夏，在兴都库什山西北坡的八鲁湾行宫（今阿富汗境内）见到了成吉思汗。

成吉思汗求长生心切，丘处机有备而来，所以两人的交谈充满玄机。寒暄过后，成吉思汗开门见山："神仙远道而来，可曾带长生之药给我?"丘处机回答得很巧妙："我没有长生之药，只有卫生之道。"

丘处机虽然不得不西行来见成吉思汗，但他不愿谄媚行事，曲意逢迎，于是坦然直言。当然，他也做好了赴死的准备。没料想，成吉思汗反倒喜欢这种诚实的个性，没有怪罪丘道长。

成吉思汗接着问："何谓卫生之道?"丘处机吐出 12 个字："节欲保身，好生恶杀，敬天爱民。"他补充说，短命之人皆因不懂卫生之道。丘道长所说的卫生之道，就是我们常说的养生之道。显然，这才是他万里西行的目的——变相劝阻成吉思汗，要清心寡欲，不要滥杀无辜。

此后，成吉思汗时常邀请丘处机夜谈。丘处机不失时机地向他传递敬天爱民的思想。一天，成吉思汗告诉丘处机，说自己在打猎时正要射杀一只野猪，突然马失前蹄，可野猪却不敢扑过来。丘处机赶紧说："上天有好生之德，陛下现在圣寿已高，应该少出去打猎。坠马，正是上天告诫陛下。而野猪不敢靠近，是上天在保护陛下。"心有余悸的成吉思汗对此十分信服，告诉左右："只要是神仙的劝告，以后都照做。"

丘处机的一片苦心，只在一定程度上减轻了成吉思汗的杀戮之心，丝毫没能改变蒙古西征的大计。

10 个月后，丘处机告别成吉思汗，启程东归。丘道长谢绝了所有金银珠宝的赏赐，于是成吉思汗下诏免去全真教徒的一切差役赋税，并派 5000 骑兵护送道长。来时艰难归时轻松，丘处机一行只用了不到半年时间便回到中原。

同行的弟子李志常后来编撰了《长春真人西游记》一书，记述了这段不平凡的旅程。由于丘处机的足迹遍及今蒙古、吉尔吉斯斯坦、哈萨克斯坦、乌兹别克斯坦、阿富汗等国，该书也成为后人研究 13 世纪中亚历史与文化的第一手资料，并相继有俄文、法文、英文译本问世。

后来，成吉思汗又命燕京行省将原来金朝的御花园赏给全真教建造长春宫，这便是后来著名的北京白云观，并命丘处机掌管天下道教。从此，丘处机得以弘扬全真教、广建道观。凭借成吉思汗御赐的虎符玺书，他还解救出了大批中原人，使两三万名被蒙古掠为奴隶的穷苦人重获自由。

1227 年 7 月，80 岁的丘处机去世。巧合的是，此后一个月内，成吉思汗在西夏前线去世。

45 年后，他的孙子忽必烈建立元朝，再过 8 年统一中国。关于他的帝国，一位来自西方的商人替他在世界范围内做足了广告。

第四节　马可·波罗的叙述

从前，威尼斯商人都是从罗马到君士坦丁堡，在那里进口东方的丝绸和香料，然后卖到欧洲各地。现在蒙古人打通了欧亚，那么君士坦丁堡这个中转站可以省去了，威尼斯商人们开始直奔中国。

作为第一批来中国的拉丁人，波罗家族的尼科洛和马菲奥兄弟，在蒙古的上都（今内蒙古锡林郭勒盟正蓝旗草原）朝见了忽必烈大汗。据波罗兄弟说，忽必烈大汗对欧洲教皇很感兴趣。于是写了亲笔信，派波罗兄弟作为专使出访罗马教廷，将大汗的信送交罗马教皇，还要从耶稣圣墓的长明灯上带点圣油回来。波罗兄弟欣然接受这件公私兼顾的美差，回到了罗马。见到教皇完成任务后，两人又要带着教皇的回信和礼物重返中国。这次他们多了一个同伴——尼科洛的儿子、17 岁的马可·波罗。

马可·波罗跟随父亲和叔叔一行 10 余人，从威尼斯进入地中海，然后横渡黑海，经过两河流域来到中东古城巴格达，从这里到波斯湾的出海口霍尔木兹，就可以乘船直驶中国了。然而发生了意外——一伙强盗乘夜抓住了熟睡中的他们，并分别关押起来。半夜，马可·波罗和父亲逃了出来。当他们找来救兵时，强盗早已离开，除了叔叔之外，别的旅伴已不知去向。

马可·波罗和父亲、叔叔来到霍尔木兹，等了两个月也没遇上去中国的船只，只好改走陆路。这是一条充满艰难险阻的路，最有雄心的旅行家也可能望而却步。他们从霍尔木兹向东，越过荒凉恐怖的伊朗沙漠，跨过险峻寒冷的帕米尔高原，一路上跋山涉水，克服了疾病、饥渴的困扰，躲开了强盗、猛兽的侵袭，终于来到今天的新疆。

马可·波罗他们继续向东，穿过塔克拉玛干沙漠，来到古城敦煌，经玉门关穿过河西走廊，终于到达元朝的上都。这时已是 1275 年的夏天，距他们出发已经 4 年！

马可·波罗的父亲和叔叔向忽必烈大汗呈上教皇的信件和礼物，并向大汗介绍了马可·波罗。大汗非常赏识年轻聪明的马可·波罗，特意请他们进宫讲述沿途的见闻，并携他们同返大都，后来还留他们在朝廷任职。

聪明的马可·波罗很快就学会了蒙古语和汉语。他借奉大汗之命巡视各地的机会，走遍了中国的山山水水，中国的辽阔与富有让他惊叹。他先后到过今天的新疆、甘肃、内蒙古、山西、陕西、四川、云南、山东、江苏、浙江、福建以及北京等地，还出使过越南、缅甸和苏门答腊等地。他每到一处，总要详细考察当地风俗地理。在回到大都后，又详细向忽必烈大汗进行汇报。

在中国呆了17年后，马可·波罗一家受命护送阔阔真公主嫁到波斯国，完成任务后顺海路回到威尼斯。回国3年后，威尼斯与热那亚爆发战争，马可·波罗参战，结果战败被俘。在监狱里，他结识了作家鲁思梯谦。聊起他在中国17年的见闻，作家充满了兴趣。于是，不会写

《马可·波罗游记》当中的插图

字的文盲马可·波罗口述，鲁思梯谦执笔，完成了四卷 229 章的《马可·波罗游记》。

从一路东游的见闻到蒙古大汗忽必烈的日常生活和工作，从游历中国各地的见闻到蒙古与周边各国的战争，这本书对元朝城市、丝绸之路，还有日本、南洋群岛、印度、波斯湾、阿拉伯海等国家和地区做了详尽描述，堪称 13 世纪关于东方的百科全书。

在书中，马可·波罗详尽描绘了令西方人啧啧称奇的中国：发达的工商业、繁华热闹的市集、华美廉价的丝绸锦缎、宏伟壮观的都城、完善方便的驿道交通、普遍流通的纸币、能够燃烧的黑石头（煤）……东方的一点一滴都让他感到新奇。我们来看书中一段关于杭州生活的文字：

通往市场的街道都很繁华，有些市场还设有相当多的冷水浴室，有男女侍者分别担任招待。杭州人不管是男是女，终年都用冷水沐浴。他们从小就养成了这个习惯，认为冷水对身体有益。当然，也有热水浴室，不过专供外国人使用，因为外国人不能忍受那冰一样的冷水。杭州市民每天都要沐浴，沐浴的时间，大都在晚饭之前。

看来马可·波罗对中国人天天洗澡非常好奇。这令我们也非常好奇：难道几百年前的欧洲人不是天天洗澡吗？

同时我们可以断定，马可·波罗没有进入杭州的浴室亲身体验。因为用冷水沐浴的中国人毕竟是少数，多数浴池提供的都是热水洗浴。

可能马可·波罗自己都没想到，他的这本游记在欧洲引发了巨大反响，打开了欧洲的地理和心灵视野，掀起了一股东方热，激发了欧洲人后来几个世纪的东方情结。在法兰西国王查理五世监制的一张地图中，东亚部分就参考了马可·波罗的描述。200 多年后的 1492 年，读了本书的哥伦布出海向东，结果到了美洲。但哥伦布错把古巴当成了日本，把当地土著当成印度人，称为印第安人。直到哥伦布死后，人们才意识到，美洲是一个新大陆。不管怎样，毕竟是马可·波罗引导了西方人发现了美洲。

这本书的中文版，一直到民国初年的1913年，才正式引进出版。

第五节　马可·波罗是个大忽悠？

在津津乐道众多神奇故事的同时，更多读者在读完这本书后，对马可·波罗的叙述提出了质疑，认为书中大量内容不可信。因为许多时间地点人物与史实不符。

比如马可·波罗说，他参与了襄阳之战，并献抛石机帮助元军攻城。显然他是在痴人说梦。元军攻打襄阳城是1273年，此时马可·波罗还在东行途中。关于襄阳之战中献抛石机的回回人，名叫亦思马因。这一条《元史》中有确切记载。

此外，令我们感到奇怪的是，既然马可·波罗说自己如此受元世祖忽必烈的欣赏，还在宫里做了大官，为什么东方史籍里没有任何与他有关的文字记载。

他在中国呆了17年，他说了那么多见闻，可是只字不提长城、茶叶、汉字、印刷、筷子、中医……这些具有典型中国特色的物件。而且他在书里对元朝的行政区划的表述极其混乱。大家都在问：“你究竟到没到过中国？”

对此，马可·波罗至死都坚持：“我未曾说出我亲眼看见的事物的一半。”他的意思是，我的书里只写了我看到的一半。至于你们说的，我还没来得及写出来。

有人认为，马可波罗可能是遇到一些去过中国的威尼斯商人，从他们的交谈中了解到一星半点的关于中国的介绍，然后根据想象编造出来自己的奇遇。

现在如果我们到威尼斯旅游，提及马可·波罗，当地人会告诉你，马可·波罗是大忽悠的意思。

1999 年，一支美国探险队就顺着马可·波罗说的东游路线进行探险。结果发现，古代如果走这条路，根本不可能到达中国。

这本书里还有大量插图。但是明眼人一看就知道，这些人物的装扮哪里是元朝时候的中国人，分明是欧洲人或阿拉伯人的打扮。

时至今日，700 年过去了，关于马可·波罗来没来过中国，这本书的内容有多少可信度的问题，还在各方争论当中。他的粉丝替他四处找证据，反对他的人更是在书里挑毛病，双方吵得不可开交。那我们该如何看待这个问题？

我们认为，这只是一本普通人的游记，而不是一部严谨的历史学著作。不论他是否真的来过中国，他的书都为西方人打开了一扇了解东方的窗口，丰富了西方人的地理知识，打破了传统的“天圆地方”说。马可·波罗的粉丝们正是循着他的描述，一路向东，开启了一个全新的时代。

我们赞成国学大师钱穆先生对于这个问题的观点。他说：“我‘宁愿’相信，他真的到过中国。因为我对马可·波罗怀有一种‘温情的敬意’。”钱先生的意思，就是我们这一章的主题：马可·波罗替中国做了一条最大的广告，让世界特别是西方认识了中国，了解了中国，从而愿意和中国进行交流。从这一点上说，我们要感谢马可·波罗。

第六节　泉州的荣耀与泪水

在《马可·波罗游记》当中，他曾经这样描述福建泉州：“宏伟秀丽的 Zaitun 是世界上最大的港口之一，大批商人云集这里，货物堆积如山，的确难以想象……”他说的 Zaitun 就是泉州城内遍植的刺桐的谐音，因为这座古城又名“刺桐城”。当然，这只是它众多名字当中的一个。因为之前的城池形状像鲤鱼，所以它又称“鲤城”。而因为马可·波罗的称赞，泉州又有了一个更为荣耀的名字：光明之城。

它是一座名副其实的明星之城。早在南宋后期，泉州已然成为东方第一大港。这里是海上丝绸之路的起点，所以宗教人文荟萃：道教、佛教、伊斯兰教、景教（古天主教的一个支派）、天主教、印度教（婆罗门教）、基督教、摩尼教（明教）、日本教和拜物教、犹太教等诸多宗教，因此被誉为“世界宗教博物馆”。南宋朱熹曾感慨：“此地古称佛国，满街都是圣人。”

泉州，见证了宋元 200 余年海外贸易的繁盛，同时也为南宋的落幕流下了最后一滴血泪。

一切都与一个叫蒲寿庚的阿拉伯商人有关。

宋宁宗时，蒲寿庚举家迁到泉州。当时海寇猖獗，官军无力抵抗。为求自保，蒲寿庚组织了一支武装力量，配合官军击退海盗，因功被朝廷授以官职。自此，蒲寿庚开始了官商合一的经营之路，一路做到总海舶兼主市舶。

他利用手中权力，垄断泉州香料海外贸易近 30 年。他精通阿拉伯

泉州古迹东西塔中的一座塔

语、占城语（越南），“以善贾往来海上，致产巨万，家童数千”，显赫的权力和雄厚的海上实力，使得蒲寿庚成为当地举足轻重的人物。

公元 1276 年 3 月，元军攻陷临安，南宋灭亡。一个多月后，外逃的小皇帝赵昰（shì）在福州另立朝廷，史称端宗。面对元军追赶，小皇帝和众臣前往泉州避难。不料，蒲寿庚闭门不纳，禁止宋军入城。皇帝无奈，只得逃往广州。大臣张世杰迁怒于蒲寿庚的见死不救，命部队“掠蒲氏海船二千艘，没其货物”，抢走了蒲寿庚的海船，没收了他的物资充作军资。

作为色目人，蒲寿庚原本就没有忠孝节烈的思想，加之财产被抢夺，他更是怒不可遏。定居在泉州的赵宋宗室以及士大夫以下 3000 余人，因此成了蒲寿庚的刀下冤魂。

一个月后，元军抵达泉州，蒲寿庚开城投降，并派舰船随元军追击南宋两位小皇帝。次年，元朝在泉州设市舶司，蒲寿庚成为这个职位的不二人选。终元一朝，蒲寿庚和他的子孙牢牢把持泉州的海外贸易。

现在回头看蒲寿庚在泉州的所作所为，我们的心情是复杂的：他因海上贸易积累财富，是泉州商人的典型代表。当宋元鼎革之际，他开城投降，客观上使得泉州免遭战火，为泉州在元朝续写东方第一大港的传奇奠定了基础。在蒲氏的经营下，泉州的荣耀得以继续。

另一方面，蒲寿庚屡受南宋恩惠，却在国家危亡之时恩将仇报，拒不接纳宋朝君臣，最终开城投降，摇身一变成为蒙古人的座上宾。或许，要求一个阿拉伯商人效忠大宋过于苛刻，但是蒲寿庚在泉州杀戮南宋皇室以及反元军民累计万人的罪行，却让我们看到了 13 世纪泉州城的斑斑血泪。

公元 1290 年，元朝在澎湖设巡检司，管理澎湖、台湾等列岛，隶属泉州。这是中央政府第一次对台湾行使主权管理。

关于元朝的丝绸之路故事，我们似乎不应该忘记一位女性。她就是号称“布业始祖”的黄道婆。

南宋末年，黄道婆生于松江府（今上海）。幼年家庭贫困，被卖为童养媳。因为不甘忍受夫家非人的虐待，她乘船逃到海南，得到当地黎族同胞救助。海南当地黎人以织布为生，技艺高超。在海南的 30 年，黄道婆熟练掌握了先进的纺织技术。

当 50 岁的她回到上海时，棉花已经开始在内地大量种植。于是黄道婆改良棉花纺织的三道工序，即去籽、弹松和卷筒，并发明了当时世界最先进的纺织机器：三锭脚踏纺车。自此，黄道婆家乡乌泥泾的棉被成为人人称抢的名牌产品，“松郡棉布，衣被天下”。此后，松江府一度成为全国最大的棉纺织中心。

黄道婆的贡献在于，她的技术创新促进了社会经济的发展，影响了手工业和农业的发展。她的发明创造，使棉布不再是上流社会才可以消费的奢侈品，真正实现物美价廉，从而改变了人们的穿衣习俗。

马可·波罗和父亲、叔叔的东方游历丰富了欧洲人对中国的认知。100 多年后，一只庞大的中国船队从江苏太仓刘家港出发，即将开启一个东方版的大航海时代。

第八章　郑和下西洋：最后的航海

第一节　朱元璋的小农意识

和雄汉盛唐和繁华两宋相比，明清时代的丝绸之路更多的是尴尬与无奈。特别是随着15世纪新航路的开辟，在我们面前展现了一个全新的世界：大陆文明与海洋文明开始正面对话。欧洲人通过三角贸易，从美洲和非洲掠夺白银黄金，到中国购买丝绸、瓷器，然后再运回欧洲。在这场贸易中，大量白银流向中国，中国还是最终的赢家。但是世界市场开始初步形成。中国虽然在人口数量、国民经济总量还是世界的老大，但专制主义中央集权制度已经OUT了，明朝和清朝的600多年，中国进入了数量增加、质量停滞的尴尬境地。

1368年，朱元璋建立明朝，他就是明太祖。但本质上，他不过是个农民，小农意识伴随他终身。于是，他的治国纲领里夹杂着N多重农抑商、小富即安、家长专制等落后观念。他苦心孤诣地打理着这一大片江山社稷，如同耕种自己的一亩三分地，宵衣旰食，诚惶诚恐。

他的大明帝国更像一间密不透风、铁桶般的屋子，风吹不进，水泼不出，自成一体，与世隔绝。

重修秦长城便是明朝闭关政治的一大标志。长城本是战国时燕、赵、秦、魏、齐等国阻挡匈奴的屏障，秦始皇统一六国后，将这些长城连成一体。但是长城阻挡匈奴的作用并不明显。西汉时，汉武帝一改被动防御的战略，主动出击，大破匈奴。唐诗有云："但使将军能百战，不须天子筑长城。"此后历代，中原王朝与北方少数民族互有攻守，长城变成了北方的一道景观。当元顺帝被赶回草原之后，朱元璋命人将长城当作明朝与蒙古之间不可逾越的战略深壕。

而东南沿海呢？片板不得出海。在朱元璋统治后期，日本浪人频频出现在东南沿海骚扰百姓，官兵多次清剿无果。为了防御倭寇，朱元璋只得宣布实行"海禁"——禁止中国人赴海外经商，限制外国商人来华贸易。虽然朝贡等官方主持的贸易活动除外，但民间与海外的贸易交流之门彻底被锁死。接下来的几个世纪，中华民族都是在闭关锁国的沉闷气氛中默默度过。

相比国内政策的刚猛狠辣，明朝的边疆少数民族政策反倒稳重温和。朱元璋要求："以德怀之"，"因俗而治"。说白了，就是用友好的方式来交流，尊重他们的民族习俗和宗教习惯。所以，在西域设置了卫所，开展茶马贸易；在西藏建立军政统治机构，尊崇藏传佛教；在西南地区实行土司制度（以当地族群首领世袭地方官职）。于是，边疆地区通过朝贡贸易和茶马贸易与明朝加强联系。在这条丝绸之路上，边疆的马匹、玉石、兽皮换来了少数民族居民的生活必需品。

但是关于对外政策，朱元璋显得有些心不在焉。因为他根本不想过问其他小国的那些家长里短。

他曾明确表示：“海外蛮夷之国，有为患于中国者，不可不讨；不为中国患者，不可辄（zhé）自兴兵。”在他看来，中华与蛮夷有着严格的区隔。人不犯我，我不犯人。那他眼中的敌人是谁呢？他说：“朕以诸蛮夷小国，阻山越海，僻在一隅，彼不为中国患者，朕决不伐之，惟西北胡戎（指漠北蒙元残余势力）。世为中国患，不可不谨备之耳，卿等当记所言，知朕此意。”显然，朱元璋担心的是蒙元势力有一天死灰复燃，卷土重来。至于其他这些海外小国，根本不会对明朝构成威胁。

于是，他开出了一份“不征之国”的名单，宣布：朝鲜国（今韩国、朝鲜）、日本国（今日本）、大琉球国（今日本冲绳）、小琉球国（今中国台湾）、安南国（今越南北部）、真腊国（今柬埔寨）、暹罗国（今泰国）、占城国（今越南南部，后被安南灭国）、苏门答剌（今苏门答腊岛八昔）、西洋国（今科罗曼德尔海岸）、爪洼国（今爪哇岛）、湓亨国（今马来半岛）、白花国（今苏门答腊岛西北部）、三弗齐国（今苏门答腊岛巨港）和渤泥国（文莱），这15国为不征之国，子孙后代不得恣意征讨。

这是在朝贡体系和海禁政策下，明朝在亚洲地区划出的势力范围。

所谓朝贡，原本指的是中国政府准许外国使节在进贡的前提下，随所乘船舶、车马携带商货来中国进行相关贸易。而到了明朝，因为实施海禁政策，于是民间私人对外贸易成为非法，对外贸易只能通过官方的朝贡贸易这一种渠道进行。

在所谓“万国来朝”的热闹表象背后，周边小国的进贡之说早已是有名无实。因为明朝政府向来“厚往薄来”，即周边小国只需要打着进贡的幌子，拿一点点所谓贡品过来，便可从明朝拿走比他们进贡物品价值高出N倍的大量财富。

这样看来，不是蛮夷向明朝朝贡，而是明朝向蛮夷散财了。

此举唯一好处，就是保持了海上丝绸之路的贸易通道仍旧畅通。

第二节　土豪皇帝明成祖的小心思

作为中国历史上出身最卑贱的皇帝，朱元璋极度自卑。他不相信任何人，怀疑一切，总觉得别人要抢他的皇位。于是滥杀功臣，同时分封诸王，他的江山只愿意交给朱姓子孙。因为太子朱标早死，去世前他传位给皇太孙朱允炆。这就是建文帝。

朱元璋防文臣防武将，却没防住自家儿孙。四子燕王朱棣在北平（今北京）起兵，夺了皇位，建文帝不知去向。朱棣就是明成祖。

毕竟朱棣这个皇位是抢来的，为了洗底，他必须励精图治，勤政治国。

虽然明朝没有彻底肃清蒙古之患，但毕竟控制了西北地区。所以朱棣首先在西北设立哈密卫，打开了通往中亚各国的交通孔道，后来这里成为陆上丝绸之路的枢纽。1414 年，明成祖派吏部员外郎陈诚与户部主事李暹等出使西域撒马尔罕（在今乌兹别克斯坦境内，就是汉朝时候的康居）、哈烈（今阿富汗赫拉特）、达失干（今乌兹别克首都塔什干）等新疆及中亚地区 17 国，接触了 20 余个民族和部落。之后，陈诚将这 10 个月的途中见闻按日记实，记载了此行的全过程，定名《使西域记》。本书不仅提供了明朝时中国西北地区和中亚地理的重要史料，还为研究明朝西域的民族史、宗教史、地方史和阿富汗西北民族史提供了重要依据。

针对西南地区族群众多、情况复杂的难题，朱棣实行“改土归流”的行政体制改革，委派有一定任期的流官担任当地长官，取代之前世袭的土官，并在贵州设立布政使司，使贵州渐同内地。

在西藏，朱棣对藏传佛教的几位宗教领袖封赠了“大宝法王”“大乘法王”的尊号，并以茶马贸易来维系西藏与内地的联系。

明成祖执政之时，明朝国力日益增强，于是朱棣渴望用银子换回一个万国来朝的繁荣局面，从而实现自己这个皇帝的合法性。为了突出祖制，他决定在太祖朱元璋的海禁政策基础上，派遣船队出海，重建海上国际秩序，并宣扬和平理念。当然，他还有一个隐蔽的心愿——南京破城之时，侄子建文帝朱允炆生死未卜，有传说逃往海外了。他必须派人找到这个要命的侄子，抓不住侄子，他这个皇帝永远都是冒牌的。

都知道明成祖时宝船下西洋，可是西洋究竟是哪儿呢？西洋当时指的是印度洋至波斯湾、北非红海一带。后来人们把航行中的海外诸国均列入西洋范畴，等于明朝时西洋指的就是中国以外的各国。

郑和从西洋带回的金锭

下西洋的重任落到了郑和的身上。这个郑和，本姓马，名和，小名三宝，所以又有人称他三宝太监。他一直跟随燕王朱棣，在朱棣起兵时立下战功，朱棣赐姓郑。郑和是回族，出身穆斯林家庭，爷爷、父亲都曾前往麦加朝觐。郑和最大的梦想也是去麦加朝圣。每一个穆斯林的人生梦想，都是要前往圣地（麦加、麦地那沙特和耶路撒冷）朝见真主安拉。圣地之一的麦加就在今天西亚的沙特。所以郑和领命下西洋，也还有自己的一个心愿。

后来1430年在他第七次下西洋时，成祖朱棣已死，他的孙子宣宗朱瞻基并不太赞成出海。老年郑和尽力争取到了出海的资格。这次远航，62岁的他终于到达了心中的圣地麦加，完成了朝圣。但是病重的他再也无力回到国内，中途在印度古里（今印度卡里卡特）逝世。

而明成祖秘密命令郑和寻找失踪的建文帝的任务，也不了了之。建文帝的下落成了千古之谜。明朝史书上有各种说法，有说建文帝剃发为僧，在云南出家；有说他乘船去了日本；还有说他就在北京附近的寺庙修行……各种说法大同小异，但都过于神奇。真实的建文帝的下落，我们不得而知。

第三节　明朝大航海时代

第六章我们提到过，宋朝曾制造出“神舟”这样全长38米、装载240吨的巨船。明朝郑和下西洋之时，带领的简直就是当时世界上最牛的无敌舰队。当时郑和舰队拥有27000名士兵、62艘宝船。最大的宝船身长140米，宽57米；中型船长117米，宽47米，平均载重数千吨。

咱们可以做一个比较。在郑和出海 80 多年后，哥伦布船队里最大的船仅长 29 米，载重百余吨。时间晚了将近 100 年，西方船只长度只有明朝船只的四分之一不到，载重更是只有明朝的十几分之一。可见当时明朝造船技术的高超，明朝海军的强大。

1405—1433 年，郑和率船队七次远航西洋，航线从西太平洋穿越印度洋，直达西亚和非洲东岸，途经占城（今越南归仁以南）、爪哇（今印度尼西亚爪哇岛）、真腊（今柬埔寨境内）、旧港（今印度尼西亚境内）、暹罗（今泰国）、古里、满剌加（今马来西亚马六甲州）、勃泥（今文莱）、苏门答剌（今印度尼西亚苏门答腊岛）、阿鲁（今印度尼西亚苏门答腊岛东岸）、柯枝（今印度西南柯钦）、大葛兰（今印度西南沿岸奎隆）、小葛兰（与柯枝国接壤）、西洋琐里、苏禄（今菲律宾苏禄群岛）、加异勒、阿丹（今也门）、南巫里、甘巴里、兰山、彭亨、急兰丹、忽鲁谟斯（今伊朗）、溜山（今马尔代夫）、孙剌（今莫桑比克）、木骨都束、麻林地（今肯尼亚）、剌撒（今也门）、祖法儿（今阿曼）、竹步（今索马里）、慢八撒、天方（今沙特麦加）、黎代、那孤儿、沙里湾尼（今印度半岛南端）、不剌哇（今索马里境内）等 30 多个国家和地区。如果按现在的国家来归纳，主要是越南、菲律宾、马来西亚、泰国、柬埔寨、印度尼西亚、文莱、印度、孟加拉国、伊朗、也门、阿曼、沙特阿拉伯、索马里、莫桑比克和肯尼亚等国。

这是明朝最鼎盛时期国家实力的一次集中展示，也是中国古代最后一次世界性壮举。

郑和此举改变了朱元璋的海禁政策，开拓了海外贸易，影响了东南亚的马六甲海峡。最初郑和的航程仅限亚洲。第四次航海开始，他的行程延伸到了非洲海岸，一直到今天的索马里及肯尼亚等地。我们甚至可以大胆假设，如果在七次之后，郑和与他的后继者还能继续航海的话，或许他们也可以南行绕过非洲南端的好望角。

台湾学者柏杨先生曾这样评价郑和下西洋的意义："郑和下西洋，跟纪元前二世纪张骞通西域一样，都是为中国凿开了一个过去很少人知道的混沌而广大的天地。他们对国家贡献和东西文化交流，有伟大的功绩。"在一带一路的历史上，张骞是陆地上的勇者，郑和则是海上英雄。

郑和七下西洋，给明朝带来了什么？

他给明朝带回一座动物园——他带回来一群中国从没见过的动物，足以修建一座珍稀野生动物园。

1415 年，郑和第三次下西洋完成归国。明成祖朱棣在奉天门亲自主持盛大典礼迎接郑和一行——不，皇帝要迎接的是一只象征吉祥的神兽：麒麟。据郑和报告，他的舰队在非洲东岸发现了传说中的神兽麒麟。非洲当地的麻林国（今肯尼亚一带）代表团跟随郑和来到明朝，要亲自把麒麟进献给皇帝。

据史书记载，这只神兽"麒麟"巨大的体量，温和的容貌和奇异的长脖，跟神话叙事中麒麟图式基本吻合。当天现场争睹神兽的文武百官和部分京城百姓感到无比震惊和欢欣鼓舞："（皇上）圣德广大，被及远夷，故致此嘉瑞！"

朱棣皇帝龙心大悦，命宫廷画师画下"麒麟"图像，并由翰林学士沈度写出一篇《瑞应麒麟颂》的文章。今天如果去台北故宫博物院参观，我们还可以看到这幅珍贵的《明人画麒麟沈度颂》。但是我们都会哑然失笑——这明明就是一只普通的非洲长颈鹿嘛，哪里是什么麒麟。

但是朱棣说这动物是麒麟，那么它就是麒麟。明成祖要的就是这只神兽从天而降，从而印证他这个篡权僭（jiàn）主的皇帝是得到上天认可的。所以才有天降神兽，天佑大明！

瑞应麒麟图

每次下西洋，郑和都会带回来几只所谓神兽。时间一长，狮子、金钱豹、斑马、麋里羔兽、六足龟、黄黑虎、驼马、黑熊、黑猿、大西马、白鹿、长角马哈兽、鸵鸟、骆驼、白象……足够装备一个动物园了。

此外，郑和还催生了南洋的峇（bā）峇娘惹文化。大家如果去印度尼西亚旅游，或者去东南亚美食餐厅吃饭，一定会看到一个词：娘惹菜。很多人都不明白，娘惹是什么意思。娘惹美食是当地方言的音译，就是用当地香料烹制的中国菜。还有当地的卡芭雅服饰，就是指用中国传统花边进行修饰的马来服装。

郑和下西洋看上去轰轰烈烈，那么这支“云帆蔽日”的航海船队 7 次往返东西洋，究竟值不值得？

咱们来算一笔账吧。据史料记载，每只出海宝船的造价都在五六千两白银，船上装载的各种赏赐物品花费则更大。当时为了保证造船质量的精良，明成祖甚至不惜“支动天下一十三省的钱粮”。据历史学家黄仁宇推测，永乐年间，郑和六次下西洋的花费约在白银 600 万两，相当于当时国库年支出的两倍。而这当中还不包括造船等各地支出的费用。

我们再来换算一下。明朝初年，1 两银子的价值约合咱们现在 660 元人民币，咱们取整数算下来，郑和前 6 次下西洋花掉了超过 40 亿人民币。收获的是什么？回想起来好像也就那么一座动物园。

跟随郑和回来的，还有数不清的外国使团。据统计，明成祖永乐年间，外国使节来华 318 次。其中 4 个国王 7 次来访，3 个后来干脆长期呆在中国，后来竟然死在中国。在那些西洋小国看来，到明朝进贡就是赚钱外带旅游的美差。到了朱棣的孙子明宣宗后期，“支费浩繁，库藏为虚”，国家没法赔本赚吆喝了，朝廷果断叫停了出海行动。后来，宣宗的孙子宪宗皇帝曾经想了解一下郑和下西洋的情况，大臣们吓得干脆将所有资料全部销毁，生怕皇帝再动下西洋的念头。以至于我们现在想了解郑和下西洋时宝船的构造技术，根本没有任何资料可以查找。

所以，柏杨先生在赞扬郑和下西洋勇气的同时，尖锐地指出：“不过，张骞处在一个朝气蓬勃的时代，而郑和却处在一个暮气日增的时代，所以结局完全不同。”

说到底，明朝这样一个农业帝国的战略重点，不在海洋，而在北部边疆。郑和之后，中国通往蓝色文明的大门再次关闭。而下次打开时，面对的将是西方的坚船利炮。那是近代中华民族伤心史的开始——鸦片战争。

与新航路开辟的巨大成就相比，郑和下西洋留给我们的不止是尴尬。尽管我们有最早的郑和下西洋，但之后再没有了。而西方的新航路开辟却是连绵不绝。15 世纪到 16 世纪，无数航海家出海远航，著名的就有：

迪亚士发现了非洲南端的风暴角，这地方后来被起了一个充满希望的名字：好望角；

之后达·伽马发现了印度洋航线；

哥伦布发现美洲大陆；

麦哲伦完成人类历史上第一次环球航行。

相比之下，郑和的航行显得单薄许多。

如果一定要找出一点郑和下西洋带来的积极意义，恐怕就是郑和开拓的海上丝绸之路，远至东非，在占城、苏门答腊、锡兰山、古里等国建立了海洋交通中转站，并在满剌加、古里等地建立了贸易基地，开展了形式多样的贸易。中国的瓷器、丝绸、漆器等产品出口到了海外，刺激了相关手工业的发展，而海外的玉石、香料等也在中国扩大了市场，对相关产业起到了一定推动作用。

此外，广州、泉州、潮州、漳州以及客家人这些沿海居民随着郑和的出海行动，大批私自闯关，涌向海外，迁移到南中国海的各个小国，使原来已经有中国人的地方更加繁盛，而那些荒野也在中国人的开垦下变为良田。这群勇敢的闯关出海者，便是今天东南亚各地华人的祖先。

第四节　宫廷里的三个老外

东西方的交流日益加深，越来越多的外国人来到中国。他们渴望了解这个古老神秘的国度，他们渴望与中国人展开平等的对话，他们更渴望实现东西方文化的深入交流。

率先踏出这一步的，是欧洲传教士，他们当中两位来自意大利，一位来自德国。

利玛窦，意大利天主教传教士。他的名字中文音译过来应该是玛提欧·利奇。在中国时，他主动为自己起了个中文名：利玛窦。他是天主教在中国传教的最早开拓者之一，也是第一位阅读中国文学并对中国典籍进行钻研的西方学者。

30 岁那年，利玛窦被派到澳门传教。在澳门，他学习了中文。次年，他们来到广东肇庆传教，并在当地建成了中国内地最早的天主教教堂——仙花寺。从这座教堂的名字我们可以看到，当时的中国人并不了解天主教，他们把利玛窦等人当成了佛教徒。

但这并不影响利玛窦传教。他干脆穿上佛教的僧袍，通过这个所谓的“西方僧侣”的身份，传播天主教教义，并且把圣母像、地图、星盘和三棱镜等等这些西方的新奇玩艺儿介绍给中国人，令明朝官员和社会名流大开眼界。在这当中，最令中国人感到震撼的，是那幅世界地图。

当利玛窦在仙花寺大厅中央，徐徐展开世界地图，滔滔不绝向在场那些所谓“饱学之士”介绍，从自己的国家意大利前往中国需要辗转如此多的路途，而中国也并非世界的中央，在中国之外还有许许多多的大小国家……在场的肇庆知府王泮（pàn）当即请利玛窦将这幅地图翻译成中文，之后命人刻印出版。这便是著名的《山海舆地全图》。利玛窦让中国人第一次接触到了近代地理学。

由于利玛窦的努力，传教活动逐渐有了起色。耶稣会任命他为中国传教团监督，全权处理中国事务。同时下达给他一个重要任务：前往北京求见明神宗朱翊（yì）钧，争取得到皇帝对传教活动的支持。

1601年初，利玛窦来到北京。他捧着自鸣钟、《圣经》《万国图志》、大西洋琴等16件贡品交给值班太监，希望得到皇帝召见。利玛窦哪里知道，从万历十七年（1589）起，皇帝就不再上朝。文武大臣已经10多年没见过这位帝国元首了。

不过，利玛窦的运气好像不错。万历皇帝对这些西洋贡品很感兴趣。他把十字架上的耶稣称为“活神仙”，把圣母像还送给了慈圣太后。当然，皇帝最爱的是大小两架自鸣钟，小的被他带在身边时常把玩，大的那架放在宫内用来报时。由于自鸣钟构造复杂，需要时常维护，于是破例允许传教士们定期进宫检修自鸣钟。对于那架西洋琴，皇帝也充满好奇，于是召见了利玛窦。利玛窦仿照宗教赞歌的形式创作了《西琴八曲》，并填上简短的中文歌词，为万历皇帝现场演奏。听惯了宫商角徵羽的琴瑟之声，偶尔听到西洋乐曲，皇帝觉得很是新鲜。之后又让利玛窦的助手教授太监弹琴。

利玛窦终于打开了紫禁城的宫门，万历皇帝允许他长期居住北京。同时作为欧洲使节，他还获得了朝廷的俸禄。

在北京的日子，利玛窦与当时著名科学家、政治家徐光启共同翻译了欧几里得的《几何原本》前6卷和《测量法义》。他还与另一位精通地理学和制图学的科学家李之藻翻译了《浑盖通宪图说》《同文指算》等。这些数学和地理学方面著作的翻译，对于西方科技在中国的传播起到了重要作用。

1610 年，59 岁的利玛窦在北京病逝。他生前用意大利文书写的日记后经比利时耶稣会士金尼阁整理翻译为拉丁文，取名《基督教远征中国史》，汉译名为《利玛窦中国札记》。相比《马可·波罗游记》里莫衷一是的说法，利玛窦在这本书里，用自己近 30 年的亲身经历向西方人证明，“这就是被称为丝绸之国的国度，因为在远东除中国外没有任何地方那么富产丝绸，以致不仅那个国度的居民无论贫富都穿丝着绸，而且还大量地出口到世界最遥远的地方。”

在今天北京西城区车公庄大街路南的利玛窦墓左侧，长眠着另一位耶稣传教士，他叫汤若望，德国人。他同样是一位在中西文化交流史、中国基督教史和中国科技史上不可忽视的重要人物。

1623 年，35 岁的汤若望到达北京。他两次准确预测月食，并著书《远镜说》，向明朝官员介绍了伽利略刚刚发明的望远镜。精通火炮的汤若望还奉崇祯皇帝的旨意，设厂铸炮。虽然先后造出 20 门大炮，但是并没能救得了奄奄一息的明朝。

清军进入北京后，这个精通天文历法的外国佬以他的《两洋新法历书》得到清朝的认可。从睿亲王多尔衮到孝庄皇太后，再到小皇帝顺治，都对汤若望颇有好感。一次，汤若望治好了小皇帝的未婚皇后博尔济吉特氏的病，皇太后尊他为义父，命小皇帝叫他“玛法（满语指爷爷)”。

顺治皇帝 24 岁时得天花去世，并非野史中说的出家为僧或思念董鄂妃而死。临终前，皇帝就继承人一事征求汤若望意见。汤若望深知天花的危害，提出选择一位出过天花的皇子继承大统。这一建议与孝庄太后的想法不谋而合，于是 8 岁的皇子玄烨登上皇位，他便是清圣祖康熙

利玛窦与徐光启

皇帝。咱们现在看到康熙皇帝的御容画像上，一脸麻子，就是小时候得过天花留下的痘印。

虽然汤若望屡受皇恩，但他的仕途并非一帆风顺。在权臣鳌拜的支持下，安徽官生杨光先控告汤若望三大罪状：潜谋造反，邪说惑众，历法荒谬。朝廷经过审理，最终作出禁止耶稣会士在中国传播天主教的决定，并拘审捕外省传教士 30 余人解京，判汤若望绞刑。幸亏京师连续五天地震，加之太皇太后力主开释，汤若望才免于一死。两年后，75

岁的汤若望病逝于北京。在御赐祭文中，康熙皇帝这样评价汤若望：鞠躬尽瘁，臣子之芳踪。恤死报勤，国家之盛典。

郎世宁也是一位意大利传教士。因为绘画技能出众，他被召进皇宫，替皇帝画画。他希望借助宫廷画家的身份，能够改变皇帝禁止天主教的旨意。但是任凭他如何努力，皇帝的意志没能被左右，他始终只是一个单纯的画家，历经康、雍、乾三朝，留下一堆名画，并且极大影响了康熙之后清代宫廷绘画和审美趣味。

郎世宁绘乾隆大阅图之行阵

郎世宁在康熙晚年被招为宫廷画师，可是康熙皇帝并不喜欢油画。不过，继任的雍正皇帝非常欣赏郎世宁的才能，命他向宫廷画家传授油画技法。同时，还邀请他参与了圆明园西洋楼的设计工作。今天我们在史料图集中看到的，西洋楼里大理石圆柱、意大利式螺旋形柱头装饰等，这些带有典型巴洛克风格的设计，均出自郎世宁之手。

当然，郎世宁与乾隆皇帝的关系更为密切。为了推广西方油画，他不得不参酌中国画技法，创立了所谓“海西体”。郎世宁为乾隆皇帝创作的名画《乾隆大阅图之行阵》，2013 年在法国拍卖会上被一位中国买家以 2205 万欧元拍走，刷新了亚洲艺术品在法国的拍卖价格纪录。

虽然郎世宁的绘画并不能代表 18 世纪欧洲绘画的最高水平，但他融中国工笔绘法和西洋画三维要领于一体，形成了自己独有的画风。他的画看上去是中西合璧，但技法主要还是西方的，内容却是中国的人和中国的事。他的作品以惊人的艺术表达能力，创造了大量具有高度历史价值和艺术价值的作品，也使清代宫廷纪实绘画的数量与水平远超前代。他用手中的笔和颜料，记录下了千年帝国最后的盛世荣光。

第九章　万里丝路　百年孤独

第一节　从台湾到新疆：清朝初年的国家统一

当明朝皇帝躲在紫禁城内懒政、怠政、二十余年不上朝之际，欧洲人已经在真正的大航海时代开始了大规模海外扩张。1581 年，原本只是西班牙属地尼德兰一个省的荷兰独立。凭借发达的航海业和造船技术，这个国土面积只有 4 万平方公里的小国垄断了全世界的海上运输贸易，荷兰商人的足迹遍及五大洲。他们因此有了一个骄傲的绰号：海上马车夫。1627 年，趁着明朝朝政混乱之时，荷兰把他们的海上马车开进了台湾。

1644 年明朝灭亡之后，南明几个政权在东南沿海坚持抗清。其中隆武政权的大将郑成功在南京战败之后，不得不退守厦门，并向海上寻求出路。1662 年，郑成功率 25000 兵将击败荷兰红毛鬼，收复台湾。不久，郑成功英年早逝，他的儿子郑经接班。台湾虽然回到了中国人手中，但是郑氏政权仍旧与中央政府对峙。直到1683年，郑成功之孙郑克塽（shuǎng）继位，康熙皇帝派郑成功原先的部将施琅恩威并施。在清军强大的攻势下，郑氏归降，台湾纳入清朝版图。此后，朝廷设台湾府，隶属福建省。

相比之下，西北才是清朝初年朝廷最头疼的难题。从噶（gá）尔丹到罗卜藏丹津，准噶尔汗国让康熙和雍正两代皇帝大费周折，直到乾隆二十二年（1757），清军借助当地天花瘟疫的流行，一举平定了准噶尔汗国，当初的汗国分裂为天山北部的准部和天山南部的回部，回部祖先就是唐朝的回纥。后来改信伊斯兰教，改称维吾尔。

平定准噶尔之时，清军释放了被囚禁在伊犁的波罗尼都和霍集占兄弟。他们是当地伊斯兰领袖，人称大、小和卓。和卓在波斯语中是“圣裔”的意思，专指伊斯兰教创始者穆罕默德的子孙，后来也用以称呼伊斯兰教学者和大阿訇（hōng）。

朝廷派大和卓波罗尼都返回叶尔羌（今新疆莎车），招抚天山南路各城，留下小和卓霍集占在伊犁掌管天山北路准部事务。乾隆皇帝本想扶持大小和卓管理天山南北。不料，大、小和卓趁阿睦尔撒纳发动叛乱之机，公然反清自立，小和卓更是自称巴图尔汗。乾隆皇帝再派大军征讨。乾隆二十四年（1759），大小和卓兵败西逃，在巴达克山（今阿富汗东北部）被当地首领擒杀。金庸小说《书剑恩仇录》的历史背景就是这场平定大小和卓叛乱之役。

大小和卓之乱的平定标志着清朝统一战争的完成，天山南北160万平方公里的准噶尔汗国领土重新纳入中国版图。乾隆皇帝志得意满，将此地命名为“新疆”，取新收复的疆土之义。自此，清朝疆域臻于极盛。朝廷设伊犁将军统辖新疆各部，设总理回疆事务参赞大臣管理回部。此后60余年，新疆再未发生大规模动乱。

郎世宁所作《阿玉锡持矛荡寇图》

第二节　舌尖上的丝路（明清篇）

向日葵，原产美洲，明朝传入中国。

苦瓜，郑和下西洋时带回。

菠萝，原产巴西，明朝传入中国。

花生，原产巴西、秘鲁，明朝中期由南洋传入中国。

红薯，原产墨西哥、哥伦比亚，西班牙传至吕宋（今菲律宾吕宋岛）、安南（今越南）。各国都视为国宝，严禁出国。明朝万历年间传入中国。对土地气候条件不挑剔，种植技术简单。明朝末年未能及时推广。清朝初年，全国推广种植，成为下层百姓应对粮食生产不足的主要食物。对于清朝初年人口爆炸式增长（从6500万到4.3亿），起了极其重要的作用。

玉米，原产墨西哥，早在5000年前就是玛雅人的主要食物，明朝中期传入中国，明末时已经广泛种植。

四季豆，原产南美洲，明朝传入中国。

辣椒，原产秘鲁、墨西哥，明朝末年从海路传入中国。大家可能要问，中国古代不吃辣吗？吃，吃的是花椒，那是麻辣。中国人真正尝到辣椒是明朝末年。

烟草，原产美洲，哥伦布发现。明朝万历年间由菲律宾传入中国。

西红柿，这是现在餐桌上常见的美食，当初可是人人喜欢却没人敢吃的东西。它原名狼桃，产于秘鲁，当时人们认为这是有毒的果子，一直把这个东西当作漂亮植物来观赏，英国一个公爵还把狼桃作为情人礼物送给英国女王，于是这个果子又叫爱情果。有许多画家还会去画狼桃。有一次，一个法国吃货画家在画西红柿的过程中，实在被西红柿漂亮诱人的颜色吸引，心说，我豁出去了，就是死也要尝一口狼桃。于是他鼓足勇气，闭上眼睛，狠命一口咬下去——我的天啊，大叫一声："太好吃了！"旁边所有人既羡慕又摇头。羡慕的是，这家伙终于尝到了狼桃，看他的样子应该是非常好吃。摇头的是，这个作死的家伙就等着进棺材吧。吃完之后，画家心满意足地整理好衣服，直挺挺地躺到床上等死。时间一分一秒过去，他还没感到有什么不舒服。再过了一会，他都困了，还是没有死亡的感觉。一天过去，一觉睡醒的画家高兴地跳起来："我还活着，这东西能吃！"从此，西红柿成为一道美食。清朝后期大约道光年间，从欧洲传入中国。

洋白菜，又名包心菜，咱们现在经常能吃到的，清朝初年传入中国。

西葫芦，咱们现在餐桌上常见到西葫芦炒肉丝，非常下饭的菜。原产南美，清朝中期传入中国。

生菜，原产地中海沿岸，清朝晚期传入中国。

菜花，南方叫花菜。原产地中海沿岸，清朝末年传入中国。

甘蓝，咱们在菜场可以见到，多是紫甘蓝。原产东欧，清朝末年传入中国。

草莓，明朝时中国就开始培育，但一直到清朝中期才从英法等国引入良种。

木瓜，原产墨西哥，明末清初传入中国。

最后传入中国的这个水果最让大家意想不到，就是现在中国最普遍的苹果。原产欧洲，在欧洲有 2300 多年种植史。在中国新疆地区出产一种很接近苹果的水果叫紫柰（nài），就是咱们熟悉的花红、沙果，但口感没有苹果好。《千字文》里就有这样的句子：“果珍李柰，菜重芥姜。”直到1871年一个美国人将西洋苹果传到山东烟台，中国人才真正吃上了苹果。

第三节　新栽左公柳，春风度玉关

直到17世纪，人类社会的发展都像是在步行。18世纪开始，欧洲人率先加快脚步，飞奔起来。欧洲人的加速器就是工业革命：飞梭发明了，纺纱机发明了，蒸汽机也发明了……生产力飞速发展。此外，法国的孟德斯鸠提出了三权分立学说，卢梭完成天赋人权学说的理论系统化工作。接着，1776年美国独立，1789年法国大革命爆发，《人权宣言》发表……

而闭关锁国的清朝，对这些一无所知。

自1840年鸦片战争以来，天朝上国沦为西方列强刀俎（zǔ）下的鱼肉。此时，帝国的西北，已经收复60余年的新疆也不再安宁。

同治三年（1864），趁太平天国运动及陕甘回变之际，中亚的浩罕汗国觊觎（jìyú）新疆。在英国支持下，浩罕汗国军事头目阿古柏带兵侵入南疆，扶植傀儡（kuǐlěi）建立哲德沙尔汗国。几年后，阿古柏废掉傀儡，建立洪福汗国，自称毕杜勒特（洪福之王）。此后阿古柏攻占吐鲁番，切断了北疆和河西走廊的联系。

北方俄国突然出兵占领伊犁，并在当地公开宣布“伊犁永归俄辖”。而对清政府，俄国人却谎称“代为收复，权宜派兵驻守”。清朝在新疆仅剩塔城、乌苏少数据点。新疆极有可能被英、俄等国肢解。

而清朝高层却在为西北的“塞防”和东南的“海防”哪个更重要，犹豫不决。在左宗棠一再坚持下，慈禧太后最终决定收复新疆，并任命左宗棠为钦差大臣督办新疆军务。

左宗棠

经过周密部署，光绪二年（1876）4月，64岁的左宗棠点齐6万大军在肃州（今甘肃酒泉）祭旗出兵。北路军进兵神速，仅用半年时间，克复北疆。经过一个冬季的休整，西征军于1877年4月再征南疆。当月收复吐鲁番。5月底，阿古柏死于败逃途中。其子在喀什噶尔称王，继续顽抗。10月，清军连克南疆东四城（喀喇沙尔、库车、阿克苏、乌什）。至1878年1月，清军再克西四城（叶尔羌、英吉沙尔、和阗、喀叶噶尔）。至此，新疆全境除伊犁外，全部收复。

1878年底，清朝派使者前往俄国，就归还伊犁问题进行谈判。沙皇政府软硬兼施，炮制出《里瓦几亚条约》。要求中国以丧失大片领土和赔款500万卢布为代价“收回”被沙俄占领的九座空城。消息传到国内，舆论大哗。迫于舆论，清政府改派驻英法公使、曾国藩次子曾纪泽前往圣彼得堡谈判，同时命左宗棠统筹兵事，做战争准备。

1880年5月底，68岁高龄的左宗棠带病领兵再度西征。“衰年报国，心力交瘁，亦复何暇顾及”的他命人抬上一口空棺材同行，做好了为国捐躯的准备。为避免与沙俄正面冲突，朝廷于8月调左宗棠回京。

另一方面，曾纪泽在外交谈判上据理力争，最终于1881年2月21日，在圣彼得堡签订了《中俄伊犁条约》，沙俄同意归还伊犁九城及特克斯河流域附近领土，但仍占有霍尔果斯河以西地区7万多平方公里领土。此外，放弃了俄货由嘉峪关运进内地的要求；但赔款却由500万卢布增至900万卢布。对于中国，这仍然是一个不平等条约，但与之前不平等条约相比，总算收回了一些权益。这是近代以来中国难得的一次外交胜利。世界舆论为之哗然。一个英国外交官评论说：“奇迹！中国的曾纪泽已迫使俄国做出了它从未做过的事，把业已吞下去的领土又吐了出来!”

1882年，沙俄正式交还伊犁，清廷筹建新疆省。1884年11月17日，新疆省正式建立，设新疆巡抚、布政使各一人。次年，73岁的左宗棠在福州病逝。

清军收复新疆之战意义非凡，收回160万平方公里的国土，粉碎了英、俄勾结阿古柏侵占新疆的企图，更打击了侵略者的嚣张气焰。梁启超先生称赞左宗棠为“五百年来第一伟人”。当代历史学家、南京大学历史系教授缪凤林更认为：“唐太宗以后，对于国家领土贡献最大的人物，当首推左宗棠，实非过誉。”

据说，当年左宗棠两度西征时，命人沿路遍植榆杨柳树。后人为纪念左宗棠收复新疆的功绩，称西部柳树为“左公柳”。当年，左宗棠的幕僚杨昌濬（jùn）在西行途中见到绿柳成行，遂口占一绝：

上相筹边未肯还，湖湘子弟满天山。
新栽杨柳三千里，引得春风度玉关。

（选自杨昌濬诗集《五好山房诗稿》）

第四节　1894，大海之殇

台湾收归清朝版图整整200年后的1883年，中法战争爆发，法军进攻台湾，一度占领基隆。战争后期，清军在广西镇南关大胜法军，导致法国总理费理辞职。这时清政府决定“乘胜即收”，与法国签署了《中法新约》。相比之前历次不平等条约，本次《中法新约》既没有让中国割地，也没有赔款内容，同时法军还撤出了台湾。1885年，清政府在台湾单独设省，淮军名将刘铭传出任首任巡抚。不过很可惜，这样的好日子仅仅维持了10年。

几乎与阿古柏觊觎新疆的同时，日本对台湾也是蠢蠢欲动。西北边疆和东南海疆同时告急，孱（chán）弱的清政府无法两面兼顾，“海防”与“塞防”，孰轻孰重？以李鸿章为代表的海防派更看重海防，以左宗棠为代表的塞防派坚决主张收复新疆。新疆问题最终得到了妥善解决，可是海防呢？

1894年的中日甲午战争，绝不是一场简单的谁胜谁负的战争，而是中国和日本这两个实施改革国家检验彼此革新成效、对赌国运的一场决斗。胜出者，摆脱落后局面，成为亚洲新锐，从此走上富国强兵之路。失败者，伤筋动骨，一蹶不振，堕入万劫不复的弱国深渊。

清朝从19世纪60年代起掀起以“自强”“求富”为口号的洋务运动，但这只是一场“西学为用，中学为体”的科技革新运动，并未涉及腐朽落后的君主专制政体。

相反，1868年开始的日本明治维新则是全盘西化，不仅重视科学技术的学习，更注重典章制度与思想、观念方面的改革，最终使日本“脱亚入欧”，成为亚洲第一个走上工业化道路的国家，逐步跻身世界强国之列。

经济快速发展的日本由于国内资源匮乏，市场狭小，急于从对外扩张中寻求出路，早在19世纪80年代后期便制订了所谓五步走的“大陆经略政策”：攻占台湾，吞并朝鲜，进而进军满蒙，之后灭亡中国，最终征服亚洲，称霸世界。

1879年，日本吞并琉球王国，改设冲绳县，同时开始干涉朝鲜内政，并逐步取得在朝鲜与中国共同行动的权利。

到19世纪90年代初，明眼人都能看出，中日之间的战争不可避免了，那双方的军备情况又如何呢?

经过20余年发展，洋务运动初见成效。1888年，北洋水师建成。这支中国最强海军舰队拥有各类军舰25艘，辅助军舰50艘，运输船30艘，官兵4000余人，还拥有大沽口、旅顺、威海卫三大基地。当时舰队实力排名亚洲第一，世界第九。

为了赶超中国，1890年后，日本以国家财政收入的60%来发展海军、陆军。1893年起，明治天皇决定每年从自己的宫廷经费中拨出30万元，再从文武百官的薪金中抽出十分之一，补充造船费用。举国上下士气高昂，以赶超中国为奋斗目标。到甲午战争前夕，日本海军已拥有军舰32艘、鱼雷艇24艘，总排水量72000吨，反超北洋海军。相比之下，1891年后，北洋水师竟然已经停止购买枪炮弹药。

1894年，朝鲜发生东学党起义，朝鲜政府向清朝求援，不料日本也出兵朝鲜。7月25日，丰岛海战爆发。8月1日，中日两国正式宣战。

此后7个半月时间，便是北洋水师的血泪记忆：

8月下旬，平壤之战，清军死伤2000余人，由鸭绿江败回国内。

日本占领朝鲜。

9月17日12：50～17：30，中日海军激战黄海。北洋水师损失5艘军舰，死伤官兵千余人；日本海军5艘军舰遭受重创，死伤官兵600余人。不到5个小时的战役结束了，黄海之上，残阳如血。斯时，这场中日战争的胜负已然明了。

出于保存实力的考虑，李鸿章命令北洋水师挟剩余26艘舰船躲入威海港内，不准巡海迎敌。日本夺取了黄海制海权。

此后的鸭绿江江防之战和金旅之战，清军一败再败。

1895年初，威海卫之战，北洋舰队孤立无援，困守刘公岛一月有余，抵住了日本联合舰队7次进攻，然而援兵不至，最终全军覆没。

就这样，曾经拥有亚洲最强海军北洋水师的中国既是意料之外，同时又在情理之中地败给了孤注一掷的日本，不得不签订了丧权辱国的《马关条约》，赔偿日本2.3亿两白银，将辽东半岛、台湾岛及所有附属各岛屿（包括钓鱼岛）、澎湖列岛割让给日本……

历时30余年的洋务运动灰飞烟灭，中国人不得不重新思考关于民族复兴的途径。中国遭受了1840年以来最严重的外敌侵害，中国社会半殖民地化程度大大加深。

巨额战争赔款，加重了中国的负担，却加速了日本军国主义的发展。而台湾等大片领土的割让，进一步破坏了中国主权的完整，刺激了列强进一步瓜分中国的野心，民族危机进一步加深。此后50年，台湾始终在日本殖民统治之下。直到1945年抗战胜利，台湾才回归祖国。再过4年，1949年国民党兵败大陆，退守台湾至今。

2012年，北洋水师军歌在英国外交档案中被发现——“宝祚（zuò）延庥（xiū）万国欢，景星拱极五云端。海波澄碧春辉丽，旌节花间集凤鸾。”短短四句歌词佶屈聱牙，除了歌功颂德、粉饰太平外，丝毫不见“我武维扬”的浩荡军威。或许从一开始，北洋水师就注定只是那个老大帝国的一件殉葬品。

1895 年 4 月 17 日，清政府与日本在日本马关春帆楼签订《马关条约》。

第五节　探险家斯文·赫定邂逅楼兰

虽然丝绸之路上的驼铃回响了两千年，但是丝绸之路的概念在中国古代并不存在，直到近代，一个德国地理学家、地质学家李希·霍芬来到中国。这个李希·霍芬曾在1868—1872年的5年间7次来中国考察。此后，他撰写了《中国——亲身旅行和据此所作研究的成果》一书。在这本书里，他首次提出“丝绸之路”概念。他非常严谨地认为，“丝绸之路”仅指汉朝欧亚的贸易通道，甚至只是指公元前128年至公元150年的欧亚交通道路。

之后，德国历史学家赫尔曼在1910年出版的《中国与叙利亚之间的古代丝绸之路》一书中引申了李希·霍芬的观点，1936年，李希·霍芬的学生、来自瑞典的著名探险家斯文·赫定出版了名为《丝绸之路》的图书。“丝绸之路”自此世界闻名。

比起老师李希·霍芬，斯文·赫定前往中国新疆、西藏的目的性似乎更强。因为他选择的地方都是“从来没有西方人去过”，他想做发现东方众多秘密的“第一个西方人”。比如他选择的塔克拉玛干大沙漠。尽管这座沙漠的南北边缘地带曾是古代陆上丝绸之路的重要通道，但是这座沙漠的纵深地带从来都是无人问津。因为在维吾尔语中，塔克拉玛干的意思是“进得去出不来”。赫定偏偏要实现这个穿越。

斯文·赫定

1895年4月10日，30岁的斯文·赫定组成5人探险队，骑着骆驼赶着鸡、羊和狗，带着足够三四个月的粮食、御寒衣物、枪支和科学仪器等，全副武装地深入新疆塔克拉玛干大沙漠。没有经验的他们唯独没有带足饮水！几天之后，他们便进入缺水模式。他们喝过人尿、骆驼尿、羊血，最终丧失了全部骆驼、放弃了绝大部分辎（zī）重，遗失了2部相机和1800张底片。历经20天的跋涉与艰苦抗争，到4月30日时2名同伴已经去世，最后3个人也已濒临绝境。赫定换上了一件新衣，准备在大漠里迎接死亡。

又熬过了漫长的5天。5月5日，一只水鸟从他眼前飞过！他的眼睛一亮，有鸟飞过就证明有水源。于是他拼尽全力朝着水鸟起飞的方向爬去，一米、两米、三米……终于发现了一个水潭，他们得救了。

经历20多天，行程300多公里，以2条人命、7峰骆驼、2部相机和1800张底片的代价，斯文·赫定成功穿越了沙漠。

5年后的1900年3月，赫定带着探险队再次进入新疆的荒漠地带。这一次，他的目标是罗布荒原——中国面积最大的无人定居荒野，方圆10万平方公里。它的得名，源于曾存在中国西部的大湖罗布泊。行走在这里，赫定感觉“荒凉得如同月亮上一样”。在途中，他们突然发现挖井用的铁锹丢失了。别的东西丢了就算了，这个铁锹可不能丢，丢了这个就没办法取水了。于是，维吾尔族向导阿尔迪克返回营地寻找。

恰巧遇上大风，他在风中迷路了。风停之后，阿尔迪克竟然看到了成片废弃的房屋、华美的木雕、精致的文物，还有古代铜钱。他激动地抓了两块木雕残片跑回来报信。面对木板上雕刻精美的涡（wō）卷纹，赫定惊呆了。他甚至认为，这是上天故意通过丢失铁锹，让他们发现这片古迹。但是他们只剩1天的水了，必须先活着走出沙漠。于是，他们留足了标记，决定明年再来。

次年3月3日，重来的赫定一行终于找到了古城。还发现了36张汉文文书和121枚佉（qū）卢文木简。后来经德国汉学家确认，这片废墟就是传说中的楼兰古国。这一发现震惊了世界。

据我们现有资料分析，位于罗布泊西北角的楼兰古国应该是公元前176年以前建国，公元4世纪前后消亡。《史记·大宛列传》中有明确记载："楼兰、姑师邑有城郭，临盐泽。"公元前108年汉将王恢征服了楼兰。

丝绸之路的开通使得东西方交通和丝绸贸易日益兴盛，位于丝绸之路咽喉要地的楼兰古国自然也在此时达到全盛，东起古阳关，西到尼雅河畔，南至阿尔金山，北到哈密一带。但到了公元4世纪，楼兰古国突然从世界上消失了。

楼兰古国遭遇了什么？斯文·赫定以及之后的考古学家都在苦苦探寻。

1934年，中外西北科考团在位于罗布泊地区孔雀河下游河谷南约60公里的一条不知名的小河边，发现了一块墓地。大家随口就把这里称作小河墓地。在这里，斯文·赫定的团员沃尔克·贝格曼发现了一具木乃伊女尸。他描述说："高贵的衣着，中间分缝的黑色长发上，戴着一顶装饰有红色带子的尖顶毡帽，双目微合，好像刚刚入睡一般，漂亮的鹰钩鼻、微张的薄唇与露出的牙齿，为后人留下一个永恒的微笑。"贝格曼称她作"微笑公主"。

小河墓地和微笑公主的发现，又一次让世界惊叹。但是如同成心和科考团捉迷藏一样，墓地和公主不久又消失在了茫茫沙海之中。

直到46年后的1980年，中国考古专家穆舜英又在罗布泊地区发现了一具保存完好的女性木乃伊。高鼻深目，属于典型的欧罗巴人特征。后经专家鉴定，此人距今3800年，死时45岁，身高1.55米，但她不是当年那个微笑公主。

后来，考古学家又在楼兰古城东郊的东汉墓葬中，找到了5个欧洲人种遗体。有人根据楼兰人毛发成分测定，认为这些人很可能与来自东地中海的民族有关。我们或许可以以此推断，楼兰古国的民族成分十分复杂。那么问题又来了：这些古欧洲人到底是什么民族？他们出于什么目的，千里迢迢奔赴楼兰？后来他们又去了哪里？甚至还有人反问：有遗迹有墓穴，难道就可以断定此处是楼兰国了吗？

关于楼兰，太多太多的谜题等待后人解答。

第六节 斯坦因与王道士：强盗逻辑 or 学者行为？

关于本节当中即将出现的考古学家斯坦因、中国道士王圆箓(lù)，我不知道该怎样准确地介绍他俩。每每聊起他们的所作所为，我的心里便会生出一种莫可名状的感觉：伤痛中夹杂着几分悲凉，无奈中又有一丝庆幸。

马尔克·奥莱尔·斯坦因

斯坦因，全名马尔克·奥莱尔·斯坦因，原籍匈牙利的犹太人，后入英国籍。世界著名考古学家、艺术史家、语言学家、地理学家和探险家，国际敦煌学开创者。

大学时期，玄奘和马可·波罗的故事激发了斯坦因对东方的浓厚兴趣，毕业后他来到英属印度教育部工作，其间他前往克什米尔进行考察。从1900年起直到1943年去世，斯坦因一共进行了4次关于中亚和新疆的探险。他的考察重点是中国新疆和甘肃，他所发现的敦煌吐鲁番文物及其他中亚文物是今天国际敦煌学研究的重要资料。

斯坦因一生节俭，无欲无求，为考古事业矢志不渝。西方学界曾这样评价他：同代人中集学者、探险家、考古学家和地理学家于一身的最伟大的人物。

但对中国人来说，他却是一个不折不扣的强盗。

20多年前，作家余秋雨的名作《文化苦旅》出版。开篇的《道士塔》一文曾在国内引发巨大反响。这篇文章的主角便是道士王圆箓——一个普通得不能再普通的道士。

道士王圆箓

因为家境贫困，王圆箓早年从陕西流落到肃州，成为道士。后来云游至敦煌莫高窟，便留在此地。1900年6月22日，正在清理莫高窟中淤沙的王道士意外发现墙壁裂缝处有光亮，好奇的他砸开墙壁——里面豁然开朗，堆着上万卷经书！虽然看不懂这些经书里写的是什么，但王道士知道他今天的意外发现绝对是件大事！如果报官，兴许能够得到赏钱。于是赶紧抓了两卷经书，徒步25公里向敦煌县令严泽汇报。不料严大老爷对这些经卷很不在意：“几张废纸嘛。”

两年后来个新县令汪宗翰，王圆箓又去上报。这个汪大人是进士出身，所以对这种文化事件很重视，还专门实地察看了一次，顺手拿走了几卷经文，并给了王道士一句非常官方的指示：“好好看管这些文物。”

王道士发现县官都不靠谱，于是挑了两箱经书，行程400公里赶到肃州，去见比县官更大的道台廷栋。这位道台老爷仔细翻了翻经书，一句话说得王道士哭笑不得：“这上面的字不如我写得好。”

王道士三次报告，三次碰壁，只得回去寂寞地守着这一洞宝贝。7年过去，终于等来了识货的人。

1907年5月，斯坦因来到中国。正在敦煌考察的他是从一个商人那里听说了莫高窟发现藏经洞的消息，于是他派自己的翻译和向导与王道士交涉，要求将藏经洞的写本全看一遍，遭到拒绝。于是，斯坦因决定亲自出马。

他谎称自己是玄奘的信徒，是大师托梦让他来把经卷带回印度。或许之前屡屡被官老爷们拒绝而心灰意冷，这次竟然有人主动上门要佛经，王道士一下子就相信了。同时，他也想修缮一下破败的藏经阁，这些是需要银子的。于是，他答应给老外一些经卷。7天时间，他挑选出一些看上去品相还算好的经卷和画子，给了斯坦因。报酬是40块马蹄银（约合200两银子）。清末一两银子约合现在人民币不到200元，所以王道士这笔“生意”的收入大约是4万元。

卖出去哪些东西了呢？24箱写本（约9000卷经文），5箱绢画，经过1年半长途运输，入藏大英博物馆。一经展览，世界震惊了！

之后大清朝廷也震惊了：“咱们国家的好东西怎么跑到大洋彼岸去了？”当地大小官僚的第一反应不是抢救国宝，而是赶紧搜刮经卷，据为己有，然后再去卖钱。同时小偷们也盯上了莫高窟。于是在各级官僚的反复搜刮下，在大贼小偷的频繁光顾下，莫高窟的经卷损失严重。朝廷急了，决定把剩余经卷全部运往北京。说得轻巧！兵荒马乱之际，从敦煌到京城充满艰险，结果经卷、国宝是一路走一路丢。对于这些稀世国宝来说，公布之日就是噩梦的开始。

1907 年 6 月，斯坦因再来敦煌，又掠走了 12 大箱写本、绘画、织物等文物。虽然斯坦因两次搜刮藏经洞，但对于汉学他是个门外汉，所以搜集的敦煌汉文写本并非顶级珍品。而法国一位汉学家兼探险家保罗·伯希和于 1908 年 3 月也赶到了敦煌藏经洞。凭借深厚的汉学功力和丰富的考古知识，伯希和把洞中的遗书通检一遍，挑选出了全部精华文本。3 周之后，伯希和走出藏经洞，掠走 6000 余种文书和 200 多幅唐代绘画与幡幢、织物、木制品、木制活字印刷字模和其他法器。

1914 年 3 月，斯坦因三来敦煌，王道士懊恼地告诉他："官府搬运经卷造成了巨大损失。我真后悔，当初没有把经卷全部卖给你们这些老外。"

王道士久与外国人和官僚打交道，已经知道如何应对各方来寻宝的人物。他趁乱私藏了一批经卷。于是斯坦因又用 500 两银子买得 570 余件写本和绘画。

据统计，斯坦因三次进入莫高窟藏经洞，共拿走各类遗书、文物 1 万余件。此后，法国人保罗·伯希和、日本人橘瑞超、吉川小一郎、俄国人鄂登堡、美国人兰登·华而纳等纷纷前来继续斯坦因的强盗故事。到 20 世纪 20 年代末，莫高窟藏经洞出土的 5 万多件艺术价值极高的经卷、文书、织绣、画像等，几乎被洗劫一空。

以斯坦因为首的西方探险家拿走中国数以万计文物，证据确凿。但是，咱们来看看后果，这些文物至今还完好地保存在大英博物馆，成为

法国人保罗·伯希和在藏经洞搜刮经卷

国际上研究敦煌和丝绸之路的重要史料。而没有被他们拿走的那些文物呢？它们的命运如何？那些被各级官僚运走的文物，我们现在还能在哪里找到？

在这场历史文化的悲剧当中，王道士又是一个什么样的角色？

目不识丁的他起初甚至以为经卷可以治病，于是卖给周边百姓，让他们回家烧成灰，就着水吞服下去。

斯坦因后来回忆说："王道士将全部募捐所得全都用在修缮庙宇之上，个人从未花费过这里面的一分一银。"

一个贫穷普通的道士，守着偌大一座藏经洞。外国佬要应付，强盗小偷要防备，朝廷官府又不理他，他还能做什么？

王圆箓究竟是罪大恶极的汉奸卖国贼，还是无能为力、麻木不仁的小人物？

第十章 “一带一路”，为梦想带路

第一节 当古丝绸之路升级为“一带一路”

毕竟尴尬的2.0时代早已翻篇，此时中国今非昔比。3.0时代我们提出了“一带一路”倡议。

一带一路（The Belt and Road，缩写B&R），是“丝绸之路经济带”和“21世纪海上丝绸之路”的简称。一带，就是“丝绸之路经济带”。一路，就是“21世纪海上丝绸之路”。2013年9月和10月由中国国家主席习近平分别提出建设“新丝绸之路经济带”和“21世纪海上丝绸之路”的合作倡议。

这一国家级顶层合作倡议旨在借用古代丝绸之路的历史符号，高举和平发展的旗帜，充分依靠中国与有关国家既有的双多边机制，借助既有的、行之有效的区域合作平台，积极发展与沿线国家的经济合作伙伴关系，共同打造政治互信、经济融合、文化包容的利益共同体、命运共同体和责任共同体。

丝绸之路是起始于古代中国，连接亚洲、非洲和欧洲的古代陆上商业贸易路线，最初的作用是运输古代中国出产的丝绸、瓷器等商品，后来成为东方与西方之间在经济、政治、文化等诸多方面进行交流的主要道路。

1877 年，德国地理学家、探险家李希·霍芬在其著作《中国》一书中，把“从公元前 114 年至公元 127 年间，中国与中亚、中国与印度间以丝绸贸易为媒介的这条西域交通道路”命名为“丝绸之路”，这一名词很快被学术界和大众所接受，并正式运用。其后，德国历史学家郝尔曼在 20 世纪初出版的《中国与叙利亚之间的古代丝绸之路》一书中，根据新发现的文物考古资料，进一步把丝绸之路延伸到地中海西岸和小亚细亚，确定了丝绸之路的基本内涵，即它是中国古代经过中亚通往南亚、西亚以及欧洲、北非的陆上贸易交往的通道。1913 年，法国的东方学家沙畹首次提及海上丝绸之路概念。此后，有关“海上丝路”的使用和研究越来越多，划分也越来越细。

丝绸之路从运输方式上，主要分为陆上丝绸之路和海上丝绸之路。

陆上丝绸之路，是指西汉时汉武帝派张骞出使西域开辟的，以首都长安为起点，经凉州、酒泉、瓜州、敦煌、中亚国家、阿富汗、伊朗、伊拉克、叙利亚等到达地中海，以罗马为终点，全长 6440 公里。这条路被认为是连结亚欧大陆的古代东西方文明的交汇之路，而丝绸则是最具代表性的货物。

海上丝绸之路，是指古代中国与世界其他地区进行经济文化交流交往的海上通道，最早开辟也始于秦汉时期。从广州、泉州、宁波、扬州等沿海城市出发，从南洋到阿拉伯海，甚至远达非洲东海岸的海上贸易的丝绸之路。

除了“陆上丝绸之路”和“海上丝绸之路”，还有北向蒙古高原，再西行天山北麓进入中亚的“草原丝绸之路”等。

随着时代发展，丝绸之路成为古代中国与西方所有政治经济文化往来通道的统称。

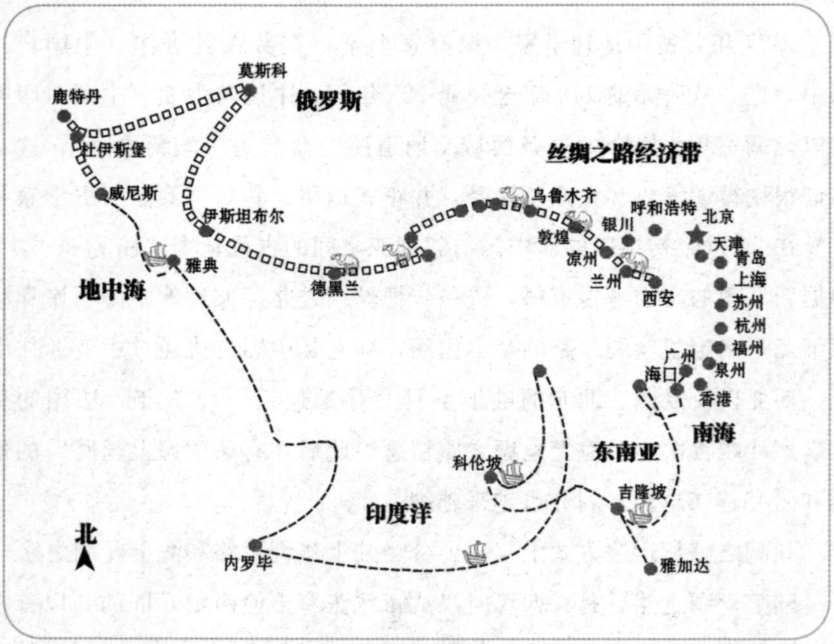

“一带一路”路线示意图（徐霞　绘）

丝绸之路经济带，是在古丝绸之路概念基础上形成的一个新的经济发展区域。包括西北五省区陕西、甘肃、青海、宁夏、新疆，西南四省区市重庆、四川、云南、广西。新丝绸之路经济带，东边牵着亚太经济圈，西边系着发达的欧洲经济圈，被认为是“世界上最长、最具有发展潜力的经济大走廊”。

丝绸之路经济带地域辽阔，有丰富的自然资源、矿产资源、能源资源、土地资源和宝贵的旅游资源，被称为21世纪的战略能源和资源基地。

21世纪海上丝绸之路，是中国着眼于与东盟（东南亚国家联盟的简称，成员国有马来西亚、印度尼西亚、泰国、菲律宾、新加坡、文莱、越南、老挝、缅甸和柬埔寨）建立战略伙伴十周年这一新的历史起点，为进一步深化中国与东盟的合作，提出的重大倡议，得到国际社会高度关注。21世纪海上丝绸之路的战略合作伙伴并不仅限与东盟，而是以点带线，以线带面，增进周边国家和地区的交往，串起连通东盟、南亚、西亚、北非、欧洲等各大经济板块的市场链，发展面向南海、太平洋和印度洋的战略合作经济带，以亚欧非经济贸易一体化为发展的长期目标。

第二节 “一带一路”连连看

关于“一带一路”，我们还需要进一步了解相关内容。

“一带”（丝绸之路经济带）有三个走向，从中国出发，一是经中亚、俄罗斯到达欧洲；二是经中亚、西亚至波斯湾、地中海；三是中国到东南亚、南亚、印度洋。“一路”（21世纪海上丝绸之路），重点方向是两条，一是从中国沿海港口过南海到印度洋，延伸至欧洲；二是从中国沿海港口过南海到南太平洋。

2017年时沿线国家65个：

一、中国，包括东亚的蒙古国，东盟12国：

新加坡、马来西亚、印度尼西亚、缅甸、泰国、老挝、柬埔寨、越

南、文莱和菲律宾

二、西亚18国：

伊朗、伊拉克、土耳其、叙利亚、约旦、黎巴嫩、以色列、巴勒斯坦、沙特阿拉伯、也门、阿曼、阿联酋、卡塔尔、科威特、巴林、希腊、塞浦路斯和埃及的西奈半岛

三、南亚8国：

印度、巴基斯坦、孟加拉国、阿富汗、斯里兰卡、马尔代夫、尼泊尔和不丹

四、中亚5国：

哈萨克斯坦、乌兹别克斯坦、土库曼斯坦、塔吉克斯坦和吉尔吉斯斯坦

五、独联体7国：

俄罗斯、乌克兰、白俄罗斯、格鲁吉亚、阿塞拜疆、亚美尼亚和摩尔多瓦

六、中东欧16国：

波兰、立陶宛、爱沙尼亚、拉脱维亚、捷克、斯洛伐克、匈牙利、斯洛文尼亚、克罗地亚、波黑、黑山、塞尔维亚、阿尔巴尼亚、罗马尼亚、保加利亚和马其顿

6条线路：

1. 北线A：北美洲（美国，加拿大）—北太平洋—日本、韩国—东海（日本海）—海参崴（扎鲁比诺港，斯拉夫扬卡等）—珲春—延吉—吉林—长春—蒙古国—俄罗斯—欧洲（北欧，中欧，东欧，西欧，南欧）

2. 北线B：北京—俄罗斯—德国—北欧

3. 中线：北京—郑州—西安—乌鲁木齐—阿富汗—哈萨克斯坦—

匈牙利—巴黎

4. 南线：泉州—福州—广州—海口—北海—河内—吉隆坡—雅加达—科伦坡—加尔各答—内罗毕—雅典—威尼斯

5. 中心线：连云港—郑州—西安—兰州—新疆—中亚—欧洲

21世纪海上丝绸之路：中国沿海港口过南海—印度洋—欧洲；

上海、大连、重庆、成都、宁波、舟山、武汉、长沙、南昌、合肥、深圳、湛江、汕头、青岛、烟台、厦门、三亚等港口城市建设。

“一带一路”是促进共同发展、实现共同繁荣的合作共赢之路，是增进理解信任、加强全方位交流的和平友谊之路。中国政府倡议，秉持和平合作、开放包容、互学互鉴、互利共赢的理念，全方位推进务实合作，打造政治互信、经济融合、文化包容的利益共同体、命运共同体和责任共同体。

“一带一路”贯穿亚欧非大陆，一头是活跃的东亚经济圈，一头是发达的欧洲经济圈，中间广大腹地国家经济发展潜力巨大。丝绸之路经济带重点畅通中国经中亚、俄罗斯至欧洲（波罗的海）；中国经中亚、西亚至波斯湾、地中海；中国至东南亚、南亚、印度洋。21世纪海上丝绸之路重点方向是从中国沿海港口过南海到印度洋，延伸至欧洲；从中国沿海港口过南海到南太平洋。

根据“一带一路”走向，陆上依托国际大通道，以沿线中心城市为支撑，以重点经贸产业园区为合作平台，共同打造新亚欧大陆桥、中蒙俄、中国－中亚－西亚、中国—中南半岛等国际经济合作走廊；海上以重点港口为节点，共同建设通畅安全高效的运输大通道。中巴、孟中印缅两个经济走廊与推进“一带一路”建设关联紧密，要进一步推动合作，取得更大进展。

“一带一路”建设是沿线各国开放合作的宏大经济愿景，需各国携手努力，朝着互利互惠、共同安全的目标相向而行。努力实现区域基础设施更加完善，安全高效的陆海空通道网络基本形成，互联互通达到新水平；投资贸易便利化水平进一步提升，高标准自由贸易区网络基本形成，经济联系更加紧密，政治互信更加深入；人文交流更加广泛深入，不同文明互鉴共荣，各国人民相知相交、和平友好。

第三节 有一种精神叫丝路精神

在长达2000余年的时段里，丝绸之路上演着一幕又一幕战争与和平、经济与文化、沟通与交流的历史活剧，一代又一代有识之士用他们的胆识、勇气和智慧诠释了所谓“丝路精神”。苏武便是其中一位。

汉武帝天汉元年（公元前100），为向匈奴新单于表示友好，汉武帝派40岁的中郎将苏武率领100余人出使匈奴，持旄（máo）节护送扣留在汉朝的匈奴使者回国，并附上丰厚礼物，以答谢单于。不料，就在苏武完成任务，准备回国时，匈奴上层发生内乱，苏武一行受到牵连，被扣留下来，并被要求背叛汉朝，臣服单于。

最初，单于派人以高官厚禄诱降，苏武严词拒绝。匈奴改用酷刑。当时正值严冬，漫天飘着鹅毛大雪。苏武被关进一个露天大地穴，并断绝了粮食和水。苏武在天寒地冻间与死神抗争。渴了，吃一把雪；饿了，嚼一口身上穿的羊皮袄；冷了，就裹紧日渐单薄的皮袄取暖。

这样不知过了多久，濒临死亡的苏武硬是凭借铮铮铁骨让单于低头了。单于见识到了苏武的气节，但仍旧不甘心放他回国。于是将他流放到北海（今俄罗斯西伯利亚贝加尔湖），命他牧羊。

临行前，单于召见苏武：“既然你不投降，那就去放羊吧。什么时候这些公羊生下了小羊羔，你就可以回你的大汉了。”

就这样，孤零零的苏武被流放到人迹罕至的北海。一群公羊，一根代表使节身份的旄节，这便是苏武生活的全部。除了忍受难以排遣的孤寂，他还要四处寻找野鼠的地洞，争夺野鼠收集的果子充饥。日复一日，年复一年。旄节上的旄牛尾全都掉光了，苏武满头黑发和胡须全都变成了花白，匈奴单于死了，汉武帝也去世了，时间已经过去了 19 年。

再次发生内乱后，匈奴实力减弱，派使者向汉朝示好。新继位的汉昭帝再派使者来匈奴，提出放回当初的使者苏武、常惠一行。新单于谎称苏武已死。

当汉使再来匈奴之时，苏武原来的副使常惠趁机见到汉使，说明真相。汉使义愤填膺，面见匈奴：“天子在上林苑射下一只大雁，大雁的腿上绑着一封帛书，上面清清楚楚写着，苏武就在北海!”（这便是成语鸿雁传书的由来）心中有鬼的单于惊愕不已，只好向使者道歉，答应送还苏武等人。

当初苏武出使时，随从有 100 余人，19 年过去，只剩常惠等 9 人随他归汉。昭帝始元六年（公元前 81），年近花甲的苏武终于回到朝思暮想的故都长安。之后，苏武在朝廷为官，一直活到 80 岁。公元前 51 年，汉宣帝为纪念平定匈奴的 11 位有功之臣，命人绘出他们的画像，悬于麒麟阁之上，人称“麒麟阁十一功臣”。苏武名列其中。

千百年来，苏武牧羊的故事成为爱国、坚贞、忠诚的代名词。人们用诗歌、戏剧、音乐、绘画等等不同的艺术表现形式，展现苏武的传奇经历，为发生在丝绸之路上的可歌可泣的中国精神进行注解。

苏武雕像

第四节 有一种智慧叫中国智慧

千年丝路之上不仅有丝路精神，还有一种名为中国智慧的大国方针。这就是，和平合作、开放包容、互学互鉴、互利共赢。

女皇武则天当政初期时，突厥复国。为稳定国内局势，权衡再三，武则天主动放弃了丝绸之路上的重镇：碎叶、龟兹、于阗和疏勒（安西四镇），试图以册封西突厥后裔来维持中原王朝与西域的藩属关系。但是西突厥后裔在西域日渐式微，吐蕃王国则趁机占据焉耆以西。

情势急转，武则天当机立断：立即收复安西四镇。派出熟悉吐蕃的名将王孝杰，率兵大破吐蕃，收复安西四镇，并再次在龟兹设置安西都护府，部署3万唐军镇守。

西域远离中原，给养运送难度极大，加之当地土地、气候条件恶劣，多数朝臣建议放弃西域。但是武则天力排众议，将经营西域定为基本国策。感谢女皇帝的高瞻远瞩，唐朝对安西四镇又延续了近百年的有效统治。于是，丝绸之路在唐朝实现了繁盛景象。

1965年，苏联考古学家希什金在今天乌兹别克斯坦的撒尔马罕古城发现了一幅高约2米的壁画，这便是后来著名的“大使厅”壁画。经考证，这幅壁画创作于公元7世纪，那时撒尔马罕城经济繁荣、文化昌盛，在政治、经济、文化上与中国唐朝保持着密切联系。

公元658年，唐朝赶走盘踞在此的突厥势力，在撒马尔罕城设置康居都督府，以康居国国王拂呼曼为都督。此后，康居国王的继位都要得到唐朝的册封。“大使厅”壁画描绘的，正是大唐、突厥、波斯、白匈

“大使厅”壁画

奴、印度、吐蕃、高丽等使臣与粟特贵族济济一堂的和平景象。

同时，武则天大力推动自然科学，造船术和航海术发展迅速，海上丝绸之路的作用凸显。公元676年，新罗统一朝鲜半岛。新罗主动向唐朝臣服，双方进入和平时期，唐朝至新罗的海上丝绸之路实现大发展。女皇在位期间，海上丝绸之路不但建立了唐朝与东南亚、南亚国家的联系，还建立了与中亚阿拉伯大食帝国的联系。

时间过去了1300余年，当今世界，挑战频发、风险日益增多。面对新挑战新问题新情况，中国给出的全球治理方案是：构建人类命运共同体，实现共赢共享，而“一带一路”正是朝着这个目标努力的具体实践。“一带一路”强调各国的平等参与、包容普惠，主张携手应对世界经济面临的挑战，开创发展新机遇，谋求发展新动力，拓展发展新空间，共同朝着人类命运共同体方向迈进。

《丝绸之路：一部全新的世界史》的作者，英国历史学家彼得·弗兰科潘曾说：“丝绸之路曾经塑造了过去的世界，甚至塑造了当今的世界，也将塑造未来的世界。”作为和平、繁荣、开放、创新、文明之路，“一带一路”必将行稳致远，惠及天下。

中国国家主席习近平明确指出，中国发展“一带一路”的原则是“计利当计天下利”，以“公利”和“世界之利”为出发点，倡导互利共赢、共同发展。

“一带一路”的“天下利”，在于倡导开放融通，推动世界经济复苏向好，在于推进区域一体化整合进程。“一带一路”汇集世界62.5%的人口、28.6%的经济总量，致力于在更大范围开展更高水平、更深层次的区域合作。

“一带一路”的“天下利”，还在于促进各国共同发展，致力于义利兼顾、弘义融利，致力于推动发展中国家脱贫致富、新兴国家持续成功崛起，致力于开创更加公平、普惠的全球化新时代。

回顾中华民族五千年的文明史，中国从未与世界如此紧密连接，从未如此牵动世界目光。与各国同行，为世界担当，“一带一路”这一中国方案，传递的是中国与世界各国共同发展的诚意，展现的是中国“国不以利为利，以义为利”的胸襟，见证的是中国积极做国际体系建设者、贡献者的努力。

从两汉到南北朝，再到隋唐，继而两宋，然后元、明、清，我们穿越了2100年。从张骞、王昭君到班超、文成公主，从玄奘、鉴真到马可·波罗、郑和。从丝绸到陶瓷，从胡萝卜、核桃到玉米、红薯，从指南针到胡床，从汉武帝到乾隆皇帝，从匈奴到突厥再到蒙古，从宋朝神舟到郑和宝船……我们穿越的究竟是什么?

我们穿越的是一个民族的成长史。

从汉唐盛世的丝路繁荣，我们看到了一个自信时代的开放与包容；从宋元时期的千帆竞渡，我们打开了真正意义上的全球视野；从明清时代的落后愚昧，我们又吸取了老大帝国自大闭塞的教训。丝绸之路和海上丝绸之路就是中华民族对内自省，对外认知世界的一段漫长而又复杂的心路历程。

“明月出天山，苍茫云海间。长风几万里，吹度玉门关。”李白的诗句还在我们口中传诵，丝绸之路早已是物换星移。我们循着祖先的驼铃白帆，采撷（xié）一路遗落的缤纷碎片，继续“一带一路”的梦想故事，与各国互通，与世界连接。“一带一路”承载的是历史，传递的是文化。秦月汉关历历在目，唐风宋韵弦犹在耳，我们依旧在丝路之上，行者无疆。

附录一

习近平：推动共建“一带一路”走深走实造福人民

新华社北京2018年8月27日电（记者 赵超、安蓓） 8月27日，中共中央总书记、国家主席、中央军委主席习近平在北京人民大会堂出席推进“一带一路”建设工作5周年座谈会并发表重要讲话强调，共建“一带一路”顺应了全球治理体系变革的内在要求，彰显了同舟共济、权责共担的命运共同体意识，为完善全球治理体系变革提供了新思路新方案。我们要坚持对话协商、共建共享、合作共赢、交流互鉴，同沿线国家谋求合作的最大公约数，推动各国加强政治互信、经济互融、人文互通，一步一个脚印推进实施，一点一滴抓出成果，推动共建“一带一路”走深走实，造福沿线国家人民，推动构建人类命运共同体。

他强调，2013年秋天，我们提出共建“一带一路”倡议以来，引起越来越多国家热烈响应，共建“一带一路”正在成为我国参与全球开放合作、改善全球经济治理体系、促进全球共同发展繁荣、推动构建人类命运共同体的中国方案。5年来，共建“一带一路”大幅提升了我国贸易投资自由化便利化水平，推动我国开放空间从沿海、沿江向内陆、沿边延伸，形成陆海内外联动、东西双向互济的开放新格局；我们同“一带一路”相关国家的货物贸易额累计超过 5 万亿美元，对外直接投资超过 600 亿美元，为当地创造 20 多万个就业岗位，我国对外投资成为拉动全球对外直接投资增长的重要引擎。

习近平指出，当今世界正处于大发展大变革大调整时期，我们要具备战略眼光，树立全球视野，既要有风险忧患意识，又要有历史机遇意识，努力在这场百年未有之大变局中把握航向。以共建“一带一路”为实践平台推动构建人类命运共同体，这是从我国改革开放和长远发展出发提出来的，也符合中华民族历来秉持的天下大同理念，符合中国人怀柔远人、和谐万邦的天下观，占据了国际道义制高点。共建“一带一路”不仅是经济合作，而且是完善全球发展模式和全球治理、推进经济全球化健康发展的重要途径。

习近平强调，广大发展中国家加快工业化城镇化、进而实现经济独立和民族振兴正方兴未艾。共建“一带一路”之所以得到广泛支持，反映了各国特别是广大发展中国家对促和平、谋发展的愿望。共建“一带一路”是经济合作倡议，不是搞地缘政治联盟或军事同盟；是开放包容进程，不是要关起门来搞小圈子或者“中国俱乐部”；是不以意识形态划界，不搞零和游戏，只要各国有意愿，我们都欢迎。

习近平指出，经过夯基垒台、立柱架梁的 5 年，共建“一带一路”正在向落地生根、持久发展的阶段迈进。我们要百尺竿头、更进一步，在保持健康良性发展势头的基础上，推动共建“一带一路”向高质量发展转变，这是下一阶段推进共建“一带一路”工作的基本要求。要坚持稳中求进工作总基调，贯彻新发展理念，集中力量、整合资源，以基础设施等重大项目建设和产能合作为重点，解决好重大项目、金融支撑、投资环境、风险管控、安全保障等关键问题，形成更多可视性成果，积土成山、积水成渊，推动这项工作不断走深走实。

习近平指出，过去几年共建“一带一路”完成了总体布局，绘就了一幅“大写意”，今后要聚焦重点、精雕细琢，共同绘制好精谨细腻的“工笔画”。要在项目建设上下功夫，建立工作机制，完善配套支持，全力推动项目取得积极进展，注意实施雪中送炭、急对方之所急、能够让当地老百姓受益的民生工程。要在开拓市场上下功夫，搭建更多贸易促进平台，引导有实力的企业到沿线国家开展投资合作，发展跨境电子商务等贸易新业态、新模式，注重贸易平衡。要在金融保障上下功夫，加快形成金融支持共建“一带一路”的政策体系，有序推动人民币国际化，引导社会资金共同投入沿线国家基础设施、资源开发等项目，为走出去企业提供外汇资金支持。要推动教育、科技、文化、体育、旅游、卫生、考古等领域交流蓬勃开展，围绕共建“一带一路”开展卓有成效的民生援助。要规范企业投资经营行为，合法合规经营，注意保护环境，履行社会责任，成为共建“一带一路”的形象大使。要高度重视境外风险防范，完善安全风险防范体系，全面提高境外安全保障和应对风险能力。

习近平强调，要加强党对共建“一带一路”工作的领导。各地区各部门要增强“四个意识”、坚定“四个自信”，主动站在党和国家大局上谋划推动共建“一带一路”工作。推进“一带一路”建设工作领导小组要根据党中央统一部署，发挥牵头抓总作用，协调各地区各部门，明确工作重点，细化工作方案，层层分解任务，加强督促检查，推动有关部署和举措逐项落到实处。各地区要加强共建“一带一路”同京津冀协同发展、长江经济带发展、粤港澳大湾区建设等国家战略对接，促进西部地区、东北地区在更大范围、更高层次上开放，助推内陆沿边地区成为开放前沿，带动形成陆海内外联动、东西双向互济的开放格局。

附录二

大道致远，海纳百川

——习近平主席提出“一带一路”倡议5周年记

当世界拥有了开放与合作，距离不再遥远。

2013年秋，中国国家主席习近平西行哈萨克斯坦、南下印度尼西亚，先后提出建设“丝绸之路经济带”和“21世纪海上丝绸之路”重大倡议。

自此，这个根植于历史厚土、被誉为21世纪伟大新故事的“一带一路”就迎风生长，成为推动构建人类命运共同体的重要实践平台。

譬道之在天下，犹川谷之于江海。

“倡议源于中国，但机会和成果属于世界”“我们将继续大力推进‘一带一路’建设，为各国经济社会发展、落实2030年议程开辟新空间。”作为这一倡议的总设计师，习近平主席亲自谋划和部署推动，为“一带一路”建设指明方向，彰显中国担当和世界情怀。

5年的发展与奋进，“一带一路”从理念转化为行动，连点成线到面，在广袤大陆上落地生根，在浩瀚海洋中乘风破浪，千年丝路再次焕发出蓬勃生机，为当今世界开启发展新航程……

（一）开启

8月15日4时55分，新疆阿拉山口，一声汽笛划破黎明的寂静。

由重庆始发的2007次中欧班列在这里完成通关手续，满载灯具、轴承等产品驶出口岸，进入哈萨克斯坦，一路朝着终点站波兰马拉舍维奇进发。

同一时刻，从青岛起航的中远“荷兰”号货轮正行驶在亚丁湾海域，这艘年龄与“一带一路”倡议同岁、足有3个足球场长的巨轮载着4000多个标准集装箱，经停希腊比雷埃夫斯等港口后，将于8月底抵达西班牙瓦伦西亚。

一陆一海，行进在“一带一路”上的现代交通工具，仿佛古丝绸之路上的驼队和风帆在今天的投射。

“我的家乡陕西，就位于古丝绸之路的起点。站在这里，回首历史，我仿佛听到了山间回荡的声声驼铃，看到了大漠飘飞的袅袅孤烟。”5年前的9月7日，哈萨克斯坦纳扎尔巴耶夫大学，习近平主席的动情之语，让绵亘万里、延续千年的古丝绸之路重现世界视野。

此后不到一个月，在椰树婆娑的东南亚，习近平主席又提出了“21世纪海上丝绸之路”。

透过历史的望远镜，才能更深刻地看清过去，把握当下，面向未来。

丝路兴，天下通。

从2000多年前的张骞“凿空之旅”，到600多年前的郑和七下西洋，古丝绸之路见证了“使者相望于道，商旅不绝于途”“舶交海中，不知其数”的辉煌。

从汉语“丝”字向英文“Silk”一词的演化，到“在欧洲人心目中创造了亚洲”的《马可·波罗游记》；从敦煌莫高窟中融合印度、西域和中原文化的飞天形象，到爪哇海域发现满载中国瓷器的阿拉伯沉船“黑石号”……历史，以独特的密码记录下东西方在古丝绸之路相遇相知、共同发展的动人历程。

“和平合作、开放包容、互学互鉴、互利共赢”——穿透历史烟云，洞察世界大势，习近平主席提出共建“一带一路”倡议，把准丝绸之路精神的内核，让“逆全球化暗流涌动，国际形势动荡多变”的迷茫世界看到了新的光亮。

2017 年 5 月，习近平主席在北京举行的“一带一路”国际合作高峰论坛上，从“两个维度”道出初心：“这项倡议源于我对世界形势的观察和思考。”

从历史维度看——人类社会正处在一个大发展大变革大调整时代。和平发展的大势日益强劲，变革创新的步伐持续向前。

从现实维度看——我们正处在一个挑战频发的世界。世界经济增长需要新动力，发展需要更加普惠平衡，贫富差距鸿沟有待弥合。

中国有古语：“执大象，天下往。”

“一带一路”一经提出，应者云集，全球瞩目。

习近平主席在哈萨克斯坦首次宣告共建丝绸之路经济带构想后，哈总统纳扎尔巴耶夫当即表示可先建设信息丝绸之路，两国各领域合作由此日益密切；此后，两国又签署关于丝绸之路经济带建设与“光明之路”新经济政策对接合作规划，引领“一带一路”合作进入深度融合、互相促进的新阶段。

5 年来，“一带一路”建设与俄罗斯提出的“欧亚经济联盟”、东盟“互联互通总体规划”、土耳其“中间走廊”、蒙古国“发展之路”、越南

“两廊一圈”、英国“英格兰北方经济中心”、沙特阿拉伯“2030愿景”、欧洲投资计划等实现了政策或规划对接。

如今，“一带一路”顶层设计初步完成，四梁八柱已经建立，“一带一路”进入国际话语体系，写入联合国大会、安理会等重要决议；以双边合作筑底、多边机制呼应、高峰论坛引领的“三位一体”国际合作架构初步搭建。

截至今年7月，全球100多个国家和国际组织同中国签署共建“一带一路”合作文件，签署范围自亚欧大陆拓展至非洲、拉美和加勒比地区、南太平洋地区。

“当习近平主席于2013年宣布‘一带一路’的创想之时，他是在重新唤起人们对于那段很久之前就已经熟悉的繁荣回忆。”英国历史学家弗兰科潘在《丝绸之路——一部全新的世界史》一书中说，世界旋转之轴正在转移，移回到那个让它旋转千年的初始之地——丝绸之路。

俄罗斯总统普京说：这是一个有益、重要且有前景的倡议；

白俄罗斯总统卢卡申科说：“一带一路”倡议具有历史性的意义，将为全球经济创造新的增长点；

塞尔维亚总统武契奇说：“一带一路”倡议是一项促进世界稳定的倡议，从精神层面和物质层面将不同的国家、文化和人民连接在一起；

希腊总理齐普拉斯说：“一带一路”倡议与很多国家和地区的经济发展目标相吻合，将促进欧亚大陆和世界范围内的交流，推动经济合作，强化贸易投资，堪称“具有深远影响的世纪倡议”；

塞内加尔总统萨勒说：沿着古丝绸之路发展的“一带一路”将跨越大洋和大陆，连接世界各国人民；

……

大道同行，镌刻着中国担当。

5 年，时间记录下这样一个个标志性时刻——

2014 年 11 月 8 日，习近平主席在亚太经合组织领导人北京会议召开前夕，宣布中国出资 400 亿美元成立丝路基金，为“一带一路”项目建设提供投融资支持；

2015 年 3 月 28 日，中国对外发布《推动共建丝绸之路经济带和 21 世纪海上丝绸之路的愿景与行动》；

2015 年 12 月 25 日，由中国倡议、57 国共同参与组建的新型多边金融机构——亚洲基础设施投资银行正式成立；

2017 年 5 月 14 日至 15 日，首届“一带一路”国际合作高峰论坛在北京举行，包括 29 个国家的元首和政府首脑在内，140 多个国家、80 多个国际组织的 1600 多名代表从世界各地来到北京与会，高峰论坛发布圆桌峰会联合公报，达成 270 多项成果，形成了各国共建“一带一路”的国际共识；

2017 年 10 月 24 日，中共十九大通过关于《中国共产党章程（修正案）》的决议，推进“一带一路”建设等正式写入党章；

……

一粒种子，有着怎样的力量？

唐末五代，占城稻的种子从东南亚经海上丝绸之路来到福建沿海，在宋代得到大面积推广，江南地区水稻产量因此大增，从此“苏湖熟，天下足”；

今天，循着“一带一路”，中国的农业企业来到占城稻故乡老挝，同当地专家合作培育优质香米，帮助建起出口产业链，一举结束老挝稻米零出口的历史。

“一带一路”倡议，为世界播撒下一粒粒希望的种子。

“作为一个意大利人，这是历史的一个记忆。当年的丝绸之路，是从威尼斯到中国，而现在又回来了。”意大利前总理普罗迪说。

历史启迪未来。

“一带一路”，联通陆与海，交织古与今，新的史诗已然开启……

（二）携手

“货很急，5天内运到哈萨克斯坦！卸船后，晚上就发货！”

江苏连云港，一艘来自外国的货轮驶入码头，哈萨克斯坦小伙达尔汗正忙碌协调。

昔日在中国的留学生，如今是连云港中哈国际物流公司的国际业务部部长，达尔汗亲眼见证了“一带一路”给哈中两地带来的繁忙与机遇。

曾经数十天的货运时间，如今缩短到几天，在连云港开创实施的欧亚大陆海陆联运合作新模式大大提升效率。哈萨克斯坦这个世界上最大的内陆国由此有了通向太平洋的出海口。有哈方人士由衷感叹：中国，就是哈萨克斯坦的大海。

汽笛轰鸣、列车穿梭、飞机呼啸——今天的“一带一路”，早已不再只是与驼铃和桅杆为伴。“一带一路”建设在世界和平与发展大潮中不断升华，沿线国家人民拥抱实实在在的获得感。

高层引领，中国倡议达成广泛国际共识。

5年来，从哈萨克斯坦到印度尼西亚，从雁栖湖边到西子湖畔，从世界经济论坛到日内瓦万国宫……习近平主席利用多个国际场合深刻阐述“一带一路”的时代内涵和历史意义，让世界对这一造福众多国家人民的世纪工程有了更多理解和认同。

地处中美洲的巴拿马2017年6月同中国建交后，迅速加入“一带一路”建设，成为第一个与中国签订共建“一带一路”倡议合作文件的拉美国家。

“不论来自亚洲、欧洲，还是非洲、美洲，都是‘一带一路’建设国际合作的伙伴。‘一带一路’建设将由大家共同商量，‘一带一路’建设成果将由大家共同分享。”在“一带一路”国际合作高峰论坛上，习近平主席道出中国与世界携手同行的真诚意愿、作出郑重承诺。

正是这种平等性、开放性、普惠性的特质，让“一带一路”的朋友圈不断扩大，越来越多的国家、国际组织和企业对“一带一路”倡议投出了“信任票”和“支持票”。

步入2018年，“一带一路”国际共识持续扩大：中拉合作论坛部长级会议发表支持“一带一路”建设的成果文件，上合组织青岛峰会就“一带一路”建设达成新的共识；稳步推进六大经济合作走廊建设，落实中蒙俄、中巴经济走廊建设规划，积极推进与伊朗、沙特、埃及、塞尔维亚、格鲁吉亚、印尼等国共同编制双边合作规划。

截至7月，首届“一带一路”国际合作高峰论坛279项成果中265项已完成或转为常态工作，14项正在督办推进，落实率达到95%。

数字丝绸之路建设已成“一带一路”建设合作的新热点，中国已与15个国家有关部门签署合作文件。“冰上丝绸之路”“空中丝绸之路”……一条条纽带多元联动，为推进“一带一路”建设开辟更加光明的前景。

在这条合作共赢之路上，设施联通不断加强，沿线各方正携手打造陆海天网“四位一体”的互联互通体系。

昔日是从未见过大海的学生，如今成为走出国门的乘务员，埃塞俄比亚姑娘萨莉哈的命运，因一条铁路而改变。

由中国承建的亚吉铁路，穿越于埃塞俄比亚和印度洋亚丁湾西岸国家吉布提之间。今年1月运营后，两地行程由原来的7天缩短为10多个小时。当农田、牛羊群和一个个工业园成为沿途风景，萨莉哈感到十分自豪，一条铁路由此成了“国家发展象征”。

中老铁路全线动工，将结束老挝几无铁路的历史；雅万高铁作为中国高铁方案“走出去”第一单，建成后雅加达至万隆车程将缩短近五分之四；中泰铁路建成后将成为泰国第一条高速铁路……类似亚吉铁路带来改变的故事，如今正在不断上演。

公路也在延伸：中巴经济走廊“两大”公路部分路段项目提前竣工通车，中吉乌运输线路实现常态化运行；

港口有了新节点：斯里兰卡汉班托塔港二期工程竣工、科伦坡港口城项目施工进度过半，希腊比雷埃夫斯港建成重要中转枢纽，阿联酋哈利法港战略合作建设迈出重要步伐，缅甸皎漂特区项目谈判持续推进；

航空在拓宽：中国已与45个沿线国家实现直航，共有37个沿线国家的90家航空公司运营至52个国内城市的定期航班；

能源合作深入推进：中俄原油管道复线正式投入使用，中巴经济走廊能源项目总体顺利推进；

……

从交通到信息网络，从能源领域到物流通道，设施联通在提速的路上行稳致远。

在这条开放包容的路上，通过深化贸易往来，提升投资合作水平，沿线贸易畅通不断加快。

中国小龙虾“出征”世界杯！

今年世界杯前后，10万只中国小龙虾搭着中欧班列前往俄罗斯，受到球迷的追捧。

截至8月26日，中欧班列累计开行数量已达10000列。货物品种日益多元，中亚面粉、波兰苹果、法国红酒走上了国人餐桌，中国制造的汽车、电子元件、农产品丰富着海外市场。

与格鲁吉亚的自贸协定正式生效，吉布提自贸区正式开园，与欧亚经济联盟签署经贸合作协定……5 年来，中国与沿线国家货物贸易进出口额超过 5.5 万亿美元，对沿线国家非金融类直接投资超过 800 亿美元。

与此同时，中国积极与“一带一路”沿线国家开展投融资合作，加强资金融通，推动建设多元化融资体系。目前，已在 7 个沿线国家和地区建立了人民币清算安排，人民币跨境支付系统覆盖 41 个沿线国家和地区。

5 年携手并进，5 年春华秋实。一路走来，是什么拉紧了携手同行的纽带？

唯有共商共建共享，方是互利共赢的黄金法则，也夯实着合作发展之基。

“‘一带一路’倡议植根于古代丝绸之路的历史土壤，点亮的是未来世界发展的星空。它将推动跨境乃至跨大洲的融通，惠及世界大多数人口。”世界银行行长金墉说。

（三）筑梦

7 月 9 日，这是很平常的一天。

酒泉卫星发射中心。一箭双星！在如潮掌声中，长征二号丙运载火箭成功发射两颗巴基斯坦卫星，梦圆飞天。

厦门海沧。在汽笛轰鸣中，中欧班列厦门至布达佩斯直通线正式运行，疾驰在亚欧大陆上的列车，将“中国梦”与“欧洲梦”紧密相连。

印度洋，马尔代夫。在万众瞩目下，中马友谊大桥全线正式合龙贯通，马尔代夫历史上第一座跨海大桥由此落成，为千年“海丝梦”注入澎湃动力。

一日之内，上天、巡地、跨海，志之所趋不可阻。

丝路精神穿越千年，绽放出梦想的光芒。

“求知去吧，哪怕远在中国!”

千百年来，这句话激励无数阿拉伯人远渡重洋，到福建泉州传教、求知和经商，书写着文明交融互鉴的海上丝绸之路时代。

如今，在福建马尾造船股份有限公司全新的造船基地，跨国技术合作正助力船厂探索新蓝海。2013 年以来，马尾造船公司向市场交船数量达到 50 多艘，其中“一带一路”沿线国家船舶超过 30 艘，未来这一数字还将继续增多。

“采矿机器人来自英国，深海提升系统来自美国，矿物处理系统来自中国四川，船型整体设计方案来自新加坡，我们则进行最后的船舶制造和技术集成。”设计项目负责人自豪地说。

当今世界已经是地球村，互相融通成为促进各自繁荣发展的必然选择。

“在新的历史条件下，我们提出‘一带一路’倡议，就是要继承和发扬丝绸之路精神，把我国发展同沿线国家发展结合起来，把中国梦同沿线各国人民的梦想结合起来，赋予古代丝绸之路以全新的时代内涵。”习近平主席为古老丝路注入时代生命。

“一带一路”倡议下，中国梦与世界梦同频共振。

“就在大家不知道该怎么办的时候，中国企业来了。”

对塞尔维亚斯梅代雷沃钢厂工人伊利奇来说，两年前的窘境历历在目。钢厂曾被誉为“塞尔维亚的骄傲”，但国际市场竞争激烈及管理不善却曾让它濒临倒闭。

2016年，中国河钢集团收购该厂，带来先进的国际运营经验，进行设备维修及系统改造，扭转连续7年亏损的局面，5000多名员工工作悉数保留。

“救活一座厂、带动一座城”的故事，正是“一带一路”倡议下合作共赢的生动写照。

当今世界，和平合作的潮流滚滚向前、开放融通的潮流滚滚向前、变革创新的潮流滚滚向前，世界各国休戚与共、命运相连。

一万年太久，只争朝夕。

“一带一路”是世纪工程，但仅仅5年，就实现了从概念股到绩优股的华丽转身，让无数梦想成为现实。

然而，如同古丝路上要穿越沙漠不可避免会遭遇“沙尘暴”、航行大海上也会驶过“激流险滩”一样，圆梦路途从来不是一帆风顺。

伴随着“一带一路”的成长，不乏一些猜忌。

回应质疑，是风沙吹尽后的真相。

——“一带一路”是华而不实的花架子？

发展是当今世界的主题。“一带一路”为全球提供新的公共产品，释放各国发展潜力，本质是实现经济大融合，为推动世界发展注入强大动力。

数据作证：5年来，中国在沿线国家建设境外经贸合作区82个，累计投资289亿美元，为当地创造了24.4万个就业岗位。到今年5月，中国已与24个国家和地区签订了16个自由贸易协定，自贸伙伴遍及四大洲，约一半是“一带一路”沿线国家。

联合国秘书长古特雷斯说，“一带一路”倡议不仅对发展中国家具有重要意义，对整个世界的经济发展、经济合作都意义重大。“我希望因这些项目受益的国家能够在经济上充分融合，使‘一带一路’的红利能够造福不同的人群，让他们充分受益于这些项目带来的积极影响。”

——借助“一带一路”推行“新殖民主义”？

某些人将“一带一路”视为“中国威胁论”的“靶子”。

事实最具发言权：以中非关系为例，秉持真实亲诚理念和正确义利观，中国积极寻求同非洲国家合作共赢、共同发展，不仅“授人以鱼”，提供不附加任何政治条件的援助，更“授人以渔”，积极支持非洲可持续发展。

“是谁在非难中国？是原来的殖民强国！”埃塞俄比亚前总理特别顾问奥库拜的直言不讳，道破个中玄机。

——为“一带一路”出资是“撒钱当冤大头”？

“一带一路”倡议是中国自身发展扩大对外开放的必然选择，更是各国之间的互惠合作，并非是经济援助。中国投资合作的重大项目，同样需要进行可行性研究，注重经济效益，实现可持续发展。

与西部开发、东北振兴、中部崛起、东部率先发展等区域发展战略联动协调，实现国内经济整体转型提升，促进贸易投资便利化、产业对接融合……“一带一路”作为新时代对外开放的重大顶层设计，为中国经济注入新动力。

今年前7个月，中国企业对“一带一路”沿线国家投资合作积极推进，共对沿线54个国家有新增投资，合计85.5亿美元，同比增长11.8%；在“一带一路”沿线国家新签对外承包工程合同额571.1亿美元，占同期总额的45.6%；国内各地借助“一带一路”机遇拓展了新的发展空间。

——“一带一路”是“中国版马歇尔计划”？

不谋求地区事务主导权和势力范围，不干涉地区国家内政，与其他既有地区机制和倡议并行不悖……兼济天下的“一带一路”倡议具有全球化时代的高度开放性，不仅在地域和国别上开放，也在合作领域与项目上开放，与曾经以某国为主导、具有冷战色彩的“马歇尔计划”性质截然不同，两者也不可相提并论。

联合国副秘书长、联合国开发计划署代理署长盖图认为，中国不限制国别范畴，不会搞封闭机制，不唱独角戏，更不搞一言堂，这正是“一带一路”朋友圈不断扩大的原因。

云散月明谁点缀？天容海色本澄清。

在探索中不断前进，在发展中日臻完善。“一带一路”为国家和民族开启“筑梦空间”，也为每一个个体播下梦想的种子。

在“一带一路”的宏大叙事中，人是最活跃的主角，也是最终旨归。

50年前，中国医生张清泉随医疗队远赴“非洲之角”索马里，在恶劣条件下为当地人义诊；

18年前，他的女儿张晓月随医疗队飞赴尼泊尔，在“高山王国”留下中国医生的担当与奉献；

5年前，他的外孙齐林为帮助肯尼亚人建学校，足迹踏遍当地40多个郡。

这是精神的传承，更是梦想的延续。

合作互鉴，以心相交。

盛夏时节，哈萨克斯坦阿拉木图州的图尔根村，中国一哈萨克斯坦农业创新园里的玉米长到了将近一人高。

最近3年，中哈农业创新园引种试验小麦、玉米等6大类45个品种，长势喜人、收获颇丰：中国专家研制的WW－5小麦亩产319公斤，较当地品种增产82.3％；P2大豆亩产232.5公斤，较当地品种增产32.7%……

“我跟踪这片玉米地已经有一年多的时间，中国的玉米品种防病和抗旱能力非常强。”哈方农艺师阿布姆斯利姆·阿利苏尔塔诺维奇说，“这是邻居对邻居的帮助!”

在斯里兰卡，中国公司给当地村镇送去了净水和储水设备，帮助解决饮水安全和污水处理等难题，预防当地多发的慢性肾病；在巴基斯坦，中国企业建设变电站，解决了夏季电力短缺问题，为酷暑中的当地人送去清凉……

在“一带一路”倡议框架下，中国在沿线国家举办境外办学机构和项目81个；今年上半年“丝绸之路”奖学金出资超2.7亿元人民币；沿线建成35个文化中心；丝绸之路国际博物馆联盟、国际艺术节联盟、国际图书馆联盟、国际美术馆联盟竞相落地；丝路沿线民间组织合作网络日益完善，成员覆盖61个国家和地区……“一带一路”建设，正以“软联通”拉近“心距离”。

志合者，不以山海为远。

从互派文化交流团，到开展联合考古，从分享减贫经验，到跨国人才培养，一个个增进互信、凝聚共识的筑梦蓝图，越来越清晰。

从“绿色丝绸之路”到“健康丝绸之路”，从“智力丝绸之路”到“和平丝绸之路”，一条条承载着各国人民希望的圆梦大道，愈走愈宽广。

（四）远航

白令海峡，扼守北极圈门户，见证人类勇敢探索的脚步。

早在16世纪，人们就梦想航行穿过地球“头顶”上的北冰洋，拉近东西方的距离。如今，梦想已成现实。

8月18日，两艘中国商船“相会”于北冰洋：驶过白令海峡后前往欧洲的中远“天恩”号货轮，与由欧洲开往青岛的“天健”号在北极圈楚科奇海域相遇。

北极航道是连接中国与欧盟国家的最短航线，相比传统航线，可缩短大约三分之一航程。

根据2017年规划，俄罗斯政府将拨款1600亿卢布用于发展北极地区。俄北极开发事务研究专家列梅加表示，这也是欧亚经济联盟与“一带一路”建设对接的组成部分，“俄方期待与中方伙伴一同将北极航道建成发展与繁荣之路”。

只要秉承开放与合作，北冰洋就不再是坚冰天堑。

“‘一带一路’倡议顺应时代潮流，适应发展规律，符合各国人民利益，具有广阔前景。”“我们要乘势而上、顺势而为，推动‘一带一路’建设行稳致远，迈向更加美好的未来。”习近平主席在“一带一路”国际合作高峰论坛开幕式上的演讲，赢得到场国际嘉宾的热烈掌声。

从理念到行动、从规划到实施，历经5年探索，“一带一路”建设已进入全面推进的新阶段，承载着沿线国家和地区对美好未来的更多畅想。

凝聚发展共识，一条通往未来的希望之路更加光明——

相知无远近，万里尚为邻。

作为一个全球开放包容合作的平台，“一带一路”合作虽以亚欧大陆为主体展开，但不排除、也不针对任何一方。如今，这一倡议由亚欧大陆不断向东西两端延展，将越来越多的亚非拉国家连接起来。

以拉美地区为例，“一带一路”为中拉开启新的合作空间与机遇，目前中国是拉美第二大贸易伙伴国和第三大投资来源国。根据联合国拉美经委会测算，中国经济每增长1%，将带动拉美经济增长0.5%。

“从前，太平洋将我们分开；如今，太平洋将我们相连。”智利前总统巴切莱特的话，道出了众多新兴市场经济体和发展中国家积极参与“一带一路”建设的心声。

坚持开放包容，一幅繁荣发展的新画卷徐徐展开——

陕西历史博物馆，以驼代步、载歌载舞的“三彩骆驼载乐俑”使人驻足流连。

舞乐者身着汉族衣冠，使用西域传入乐器，表演胡汉文化融合后的新舞乐——光影闪动间，这一“唐三彩”珍品带我们重温唐代太平盛世的辉煌，更感受古丝绸之路的开放包容。

今天，经济全球化面临挑战，世界期待“一带一路”之光穿破笼罩全球的迷雾。

作为全球化的最初推动者和既得利益者，一些西方发达国家面对自身出现的问题，不仅不愿承担应有的责任，反而试图转嫁给新兴市场国家和发展中国家。

单边主义、保护主义没有出路，唯有开放合作，方能共享机遇。

“‘一带一路’建设向所有朋友开放”“建设各国共享的百花园”“我们既要让自己过得好，也要让别人过得好”“这条路不是某一方的私家小路，而是大家携手前进的阳光大道”……习近平主席的话，宣示了中国推动建设开放型世界经济的决心。

前不久，一份针对30个具有代表性的国家和地区中央银行的调查问卷表明，63%的中央银行认为“一带一路”建设是千载难逢的机遇；92%的中央银行预计，在未来5年内“一带一路”相关项目能够支持参与国的经济增长。

坚定走实走深，一首恢宏的命运共同体交响曲引发全球共鸣——

今年7月19日至29日，习近平主席在中央外事工作会议之后开启年内首次出访。

此次亚非之行长达36000多公里，习近平主席到访5国6地、出席近60场双多边活动，此访积极倡导人类命运共同体理念，以此引领中阿、中非、金砖和南南合作，汇聚共建“一带一路”合力，实现了理论与实践的有机结合和相互促进。

“我提出‘一带一路’倡议，就是要实践人类命运共同体理念。”2017年12月，习近平主席在中国共产党与世界政党高层对话会上道出对人类美好未来的殷切希望。

共建“一带一路”，是构建人类命运共同体的重要实践平台。经过5年的持续推进，“一带一路”已成为广受欢迎的国际公共产品。

凡益之道，与时偕行。

7月26日，北京亚投行总部。香港特别行政区行政长官林郑月娥与亚投行行长金立群共同宣布：香港将向亚投行项目准备特别基金出资1000万美元。

这是继韩国和英国分别承诺提供800万美元和5000万美元后，亚投行项目准备特别基金再获支持。两年多来，亚投行成员数由成立之初的57个增至87个，已批准项目投资超过53亿美元。

倡建亚投行和金砖国家新开发银行、出资设立丝路基金、中国同中东欧“16＋1”金融控股公司正式成立……一系列“中国方案”展现推动全球治理理念创新发展的大国担当，成为构建人类命运共同体的生动实践。

大道之行也，天下为公。

“中国开放的大门不会关闭，只会越开越大。”中共十九大报告给出响亮的中国回答。

“要抓好首届‘一带一路’国际合作高峰论坛成果的落实，凝聚各方共识，规划合作愿景，扩大对外开放，加强同各国的沟通、协商、合作，推动‘一带一路’建设走深走实、行稳致远，更好造福各国人民。”2018年5月，习近平主席在中央外事工作委员会第一次会议上进一步明确了共建“一带一路”的未来方向。

无论是4月的博鳌亚洲论坛年会，还是6月的上合组织青岛峰会，在今年举办的一系列主场外交中，中国不断展现推动“一带一路”沿线国家团结合作的意愿和行动——

9月3日，中非合作论坛北京峰会即将开幕，加强中非全方位合作的新方略、新举措呼之欲出；

11月5日，首届中国国际进口博览会将在上海举行，为各方进入中国市场搭建新的平台；

……

大道终致远，海阔纳百川。

以“一带一路”建设为抓手，走向伟大复兴的中国，将与全世界携手，向着构建人类命运共同体的宏伟目标，向着更加美好的光明未来阔步前行。

（记者：张旭东、刘华、韩洁、孙奕、丁小溪、安蓓）

后　记

大约31年前，小舅从北京寄来一大包他以前读过的图书。此后这一包大大小小的图书，便成了我课外生活的全部。

我印象最深的，是那本《秦汉历史故事选》。封面上，白胡子的苏武抱着挂满红绒球的符节，衣袂飘飘。他的身边，羊群胜雪。荆轲刺秦、陈胜吴广起义、巨鹿之战、李广射虎、霍去病的豪言、昆阳之战……或许这是我认真读完的第一本历史故事书，时隔多年我仍对书中丰富的插图记忆犹新。以至于在撰写本书第二章张骞通西域的内容时，我的脑海中总是闪现当年那本故事书中的一幅章节插图：张骞和堂邑父一马双跨，堂邑父拈弓搭箭，瞄准天上的飞雁。远方，大漠苍茫。

每一个历史爱好者最初都应该是爱读故事的孩子。故事为我们打开的，不仅是一串又一串神奇的经历，更是一段又一段精彩的人生。相比童话故事，历史故事更为真切：这里的“很久很久以前”并非虚幻，这里的人物甲、人物乙有据可查，这里的结局并非都是“从此他们过上了幸福的生活”……

但是有首歌里唱道："故事里的事，说是就是，不是也是；故事里的事，说不是就不是，是也不是。"所以，我希望每一个喜爱历史的孩子接触的不仅仅是故事，他们更应该读的，是故实。

《大宋帝国三百年》的作者金纲先生说："故实是比故事更靠谱，更有意味的历史片段。它就是一个个历史现场。"

在《写给青少年的"一带一路"历史》这本小书中，我力求以正史为基，野史为辅，为大家还原一段关于丝绸之路的历史。我希望通过这本小书，引导孩子们从单纯追求故事情节，转向关注真实的历史事件，审视复杂的历史人物。

总有高中学生跟我抱怨历史难学。我想，他们是弄错了历史学习的目的。在我看来，学习历史决不只是记下一堆看似没有规律的年代、地名和人名。读史最大的快乐在于叫醒昨天的梦，去赶今天的路。所以，我无意在文章中炫耀自己的历史积累，只想用一种有别于历史教科书的方式，来和大家交流读史心得，用一种更客观、更全面的视角来探究历史，解读现今。

很遗憾，流量为王的时代，雍正、乾隆父子的神剧霸占了荧屏，历史被狗血剧情篡改得面目全非。我们从来不缺事件，缺的是视角；我们从来不缺文化，缺的是立场；我们从来不缺想象，缺的是态度。为此，我愿意尽力而为。

我希望和更多孩子一起，在历史的大课堂上，讲述历史有温度，穿越时空有广度，评点人物有角度，分析事件有深度。

感谢合肥工业大学出版社的责任编辑疏利民先生，正是他的慧眼和努力，让这本小书得以面世。

感谢合肥市图书馆馆长李永钢先生邀我走上"趣味国学"讲台，带孩子们一起穿越"一带一路"的千年历程。

感谢我的老领导、《新安晚报》副总编辑曹海峰先生欣然为本书作序。曹总有句名言：“我们一直在路上。”从历史到新闻，其道大光。

感谢最好的伙伴朗哥、彦生给予我的肯定与帮助。

感谢我的家人，正是他们多年默默的支持，我在文史这条路上方才见到了属于我的诗和远方。

更要感谢所有曾经与我交流、给我指导的老师、朋友，是你们让我的知识盲区越来越少。

讲你知道的那些古人，写你不知道的那些故事。跟我一起旁听历史，读懂当下。

朱首彦

2018年8月22日

图书在版编目(CIP)数据

写给青少年的“一带一路”历史/朱首彦著．—合肥：合肥工业大学出版社，2018.10(2023.5重印)

ISBN 978-7-5650-4235-5

Ⅰ.①写…　Ⅱ.①朱…　Ⅲ.①丝绸之路—文化史—青少年读物　Ⅳ.①K203-49

中国版本图书馆CIP数据核字(2018)第238105号

写给青少年的“一带一路”历史

XIEGEI QINGSHAONIAN DE YIDAIYILU LISHI

朱首彦　著　　　　责任编辑　疏利民

出　版	合肥工业大学出版社		版　次	2018年10月第1版
地　址	合肥市屯溪路193号		印　次	2023年5月第4次印刷
邮　编	230009		开　本	710毫米×1010毫米　1/16
电　话	综合编辑部：0551-62903018		印　张	14.25
	市场营销部：0551-62903198		字　数	157千字
网　址	www.hfutpress.com.cn		印　刷	安徽联众印刷有限公司
E-mail	hfutpress@163.com		发　行	全国新华书店

ISBN 978-7-5650-4235-5　　　　定价：36.00元

如果有影响阅读的印装质量问题，请与出版社市场营销部联系调换。